توجيهات منظمة التعاون والتنمية في الميدان الاقتصادي ومنظمة الأغذية والزراعة بشأن سلاسل الإمدادات الزراعية المسؤولة

أُعدت هذه الوثيقة والخرائط الواردة فيها دونما أي انحياز يتعلق بحالة أي من الأقاليم أو بسيادته، أو يرتبط بتحديد تخومها وحدودها الدولية، أو باسم أي من الأقاليم أو المدن أو المناطق. أما استخدام أسماء البلدان والأقاليم الواردة هذه الوثيقة فيتوافق مع الممارسات المتبعة في منظمة الأغذية والزراعة.

قدّمت البيانات الإحصائية الخاصة بإسرائيل من قبل السلطات الإسرائيلية المعنية وعلى مسؤوليتها. وإن استخدام منظمة التنمية والتعاون في الميدان الاقتصادي لهذه البيانات غير مبني على انحياز المنظمة لوضع مرتفعات الجولان والقدس الشرقية والمستوطنات الإسرائيلية في الضفة الغربية بما يتماشى وأحكام القانون الدولي.

يرجى التنويه إلى هذه المطبوعة كالتالي:

توجيهات منظمة التعاون والتنمية في الميدان الاقتصادي ومنظمة الأغذية والزراعة بشأن سلاسل الإمدادات الزراعية المسؤولة، https://doi.org/10.1787/4456d3f6-ar، منظمة التعاون والتنمية في الميدان الاقتصادي ومنظمة الأغذية والزراعة (2021)، مطبوعات منظمة التعاون والتنمية في الميدان الاقتصادي، باريس

منظمة الأغذية والزراعة

ISBN 978-92-5-133827-8 (نسخة مطبوعة وPDF)

عنوان النسخة الأصلية: *OECD-FAO Guidance for Responsible Agricultural Supply Chains*
منظمة التنمية والتعاون في الميدان الاقتصادي ومنظمة الأغذية والزراعة (2016)
توجيهات منظمة التنمية والتعاون في الميدان الاقتصادي ومنظمة الأغذية والزراعة بشأن سلاسل الإمدادات الزراعية المسؤولة
مطبوعات منظمة التنمية والتعاون في الميدان الاقتصادي، باريس https://doi.org/10.1787/9789264251052-en

تصويب الأخطاء الواردة في مطبوعات منظمة التعاون والتنمية في الميدان الاقتصادي متاح على الشبكة العنكبوتية على الرابط:

تمهيد

جرى إعداد توجيهات منظمة التعاون والتنمية في الميدان الاقتصادي ومنظمة الأغذية والزراعة بشأن سلاسل الإمدادات الزراعية المسؤولة (التوجيهات) من أجل مساعدة الشركات على مراعاة المعايير القائمة الخاصة بالسلوك التجاري المسؤول على طول سلاسل الإمدادات الزراعية. وتتضمن هذه المعايير المبادئ التوجيهية الصادرة عن منظمة التعاون والتنمية في الميدان الاقتصادي بشأن الشركات المتعددة الجنسيات، ومبادئ الاستثمارات المسؤولة في الزراعة والنظم الغذائية، والخطوط التوجيهية الطوعية بشأن الحوكمة المسؤولة لحيازة الأراضي ومصايد الأسماك والغابات في سياق الأمن الغذائي الوطني. وتساعد مراعاة هذه المعايير الشركات على التخفيف من الآثار الضارة التي تخلفها والمساهمة في تحقيق التنمية المستدامة.

وتتوجه التوجيهات إلى جميع الشركات التي تعمل على طول سلاسل الإمدادات الزراعية، بما في ذلك الشركات المحلية والأجنبية، والخاصة والعامة، والصغيرة والمتوسطة والكبيرة. وتشمل القطاعات الزراعية لما قبل الإنتاج وما بعده، من الإمداد بالمدخلات إلى الإنتاج والمناولة بعد الحصاد والمعالجة والنقل والتسويق والتوزيع والبيع بالتجزئة. وتتناول مجالات خطر متعددة تنشأ على طول سلاسل الإمدادات الزراعية، وهي حقوق الإنسان، وحقوق العمل، والصحة والسلامة، والأمن الغذائي والتغذية، وحقوق حيازة الموارد الطبيعية والوصول إليها؛ ورعاية الحيوان؛ وحماية البيئة، والاستخدام المستدام للموارد الطبيعية، والحوكمة، والتكنولوجيا والابتكار.

وتشمل التوجيهات أربعة أقسام هي:

- سياسة نموذجية للشركات تعرض المعايير التي ينبغي للشركات أن تراعيها من أجل بناء سلاسل إمدادات زراعية مسؤولة.
- إطار العناية الواجبة على أساس المخاطر يصف الخطوات الخمس التي ينبغي للشركات أن تتبعها من أجل تحديد الآثار الضارة للأنشطة التي تقوم بها وتقييم هذه الآثار والتخفيف منها وتوضيح كيفية معالجتها.
- وصف للمخاطر الرئيسية التي تواجهها الشركات وتدابير التخفيف منها.
- توجيهات بشأن التعامل مع الشعوب الأصلية.

وأعدت منظمة التعاون والتنمية في الميدان الاقتصادي ومنظمة الأغذية والزراعة التوجيهات من خلال عملية متعددة أصحاب المصلحة استمرت عامين. ووافقت على التوجيهات لجنة الاستثمار لدى منظمة التعاون والتنمية في الميدان الاقتصادي، ولجنة الزراعة لدى منظمة التعاون والتنمية في الميدان الاقتصادي، وديوان المدير العام لمنظمة الأغذية والزراعة. واعتمد مجلس منظمة التعاون والتنمية في الميدان الاقتصادي توصية بشأن التوجيهات في 13 يوليو/تموز 2016. ومع أن التوصية ليست ملزمة قانونًا، إلا أنها تذكر الموقف المشترك والالتزام السياسي لأعضاء منظمة التعاون والتنمية في الميدان الاقتصادي والمنضمين إليها من غير الدول الأعضاء.

وأعدت أيضًا منظمة التعاون والتنمية في الميدان الاقتصادي توجيهات مخصصة من أجل مساعدة الشركات على بناء سلاسل إمدادات مسؤولة في القطاعات الأخرى، وتحديدًا قطاع استخراج الموارد الطبيعية، وعلى وجه الخصوص المعادن المستخرجة من المناطق المتأثرة بالنزاعات والمناطق العالية المخاطر، وقطاع الثياب والأحذية، وقطاع التمويل.

بيان المحتويات

Follow OECD Publications on:

http://twitter.com/OECD_Pubs

http://www.facebook.com/OECDPublications

http://www.linkedin.com/groups/OECD-Publications-4645871

http://www.youtube.com/oecdilibrary

http://www.oecd.org/oecddirect/

تابعوا منشورات منظمة التعاون والتنمية في الميدان الاقتصادي على:

...

Follow FAO on:

Food and Agriculture Organization of the United Nations

twitter.com/FAOstatistics
twitter.com/FAOKnowledge
twitter.com/FAOnews

www.facebook.com/UNFAO

www.linkedin.com/company/fao

plus.google.com/+UNFAO

www.instagram.com/unfao

www.youtube.com/user/FAOoftheUN

تابعوا منظمة الأغذية والزراعة على:

منظمة الأغذية والزراعة للأمم المتحدة

توطئة

تستجيب توجيهات منظمة التعاون والتنمية في الميدان الاقتصادي ومنظمة الأغذية والزراعة بشأن سلاسل الإمدادات الزراعية المسؤولة (التوجيهات) إلى الحاجة الملحة إلى توجيهات عملية بشأن السلوك التجاري المسؤول للشركات التي تعمل في القطاع الزراعي. وقد نمت الاستثمارات في مجال الزراعة خلال السنوات الماضية، ويُتوقع أن تستمر بالنمو نظرًا إلى توسع القطاع من أجل تلبية الطلب المتزايد. ومع نمو الاستثمارات في القطاع، نما كذلك الوعي بضرورة أن تتسم الاستثمارات بالمسؤولية. ووجود معايير السلوك التجاري المسؤول على طول سلاسل الإمدادات الزراعية أساسي من أجل ضمان انتشار الفوائد واستمرار الزراعة بتلبية الوظائف المتعددة، بما في ذلك الأمن الغذائي، والحد من الفقر، والنمو الاقتصادي.

وأُعدت التوجيهات خلال الفترة الممتدة من أكتوبر/تشرين الأول 2013 إلى سبتمبر/أيلول 2015 بإشراف فريق استشاري متعدد أصحاب المصلحة، بما في ذلك ممثلين عن الأعضاء في منظمة التعاون والتنمية في الميدان الاقتصادي وغير الأعضاء فيها، وممثلين عن القطاع الخاص والمجتمع المدني. ويترأس الفريق الاستشاري السيد David Hegwood، رئيس مكتب المشاركة والاستراتيجيات العالمية، دائرة الأمن الغذائي في الوكالة الأمريكية للتنمية الدولية. ويمثل نواب الرئيس الثلاثة مجموعات أصحاب المصلحة المتعددة، وهم السيدة Mella Frewen، المديرة العامة لاتحاد FoodDrink Europe؛ والسيد Bernd Schanzenbaecher، المؤسس والشريك الإداري في شركة EBG Capital؛ والسيد Kris Genovese، كبير الباحثين في مركز البحوث المتعلقة بالشركات المتعددة الجنسيات والمنسق المشارك في شبكة الرصد التابعة لمنظمة التعاون والتنمية في الميدان الاقتصادي.

وعقد الفريق الاستشاري، في معرض أعماله، ثلاثة اجتماعات بحضور الأعضاء وثلاث مشاورات عبر محادثات هاتفية جماعية. وعقد الفريق اجتماعه الأول في 16 أكتوبر/تشرين الأول 2013 والاجتماعين اللاحقين في 26 يونيو/حزيران 2014 و16 مارس/آذار 2015. وعقد أيضًا اجتماعًا مشتركًا مع الفريق الاستشاري المعني بالمشاركة البناءة لأصحاب المصلحة في قطاع استخراج الموارد الطبيعية في 18 يونيو/حزيران 2015 من أجل مناقشة الموافقة الحرة والمسبقة والمستنيرة. وجرى تنظيم المحادثات الهاتفية الجماعية في 10 فبراير/شباط 2014، و28 مايو/أيار 2014، و7 يناير/كانون الثاني 2015. وأُجريت مشاورة عامة عبر الإنترنت في يناير/كانون الثاني وفبراير/شباط 2015 من أجل تلقي التعليقات من مجموعة واسعة من أصحاب المصلحة بشأن مشروع التوجيهات.

واستفادت التوجيهات كذلك من استنتاجات المنتدى العالمي بشأن السلوك التجاري المسؤول، المعقود في عامي 2014 و2015. وفي 27 يونيو/حزيران 2014، حددت جلسة خاصة بشأن سلاسل

الإمدادات الزراعية المسؤولة المخاطر الرئيسية التي تواجهها الشركات عند الاستثمار في سلاسل الإمدادات الزراعية، وناقشت التدابير التي يمكن للحكومات والشركات أن تتخذها من أجل التخفيف من هذه المخاطر وضمان أن تعم فوائد الاستثمار الزراعي على البلدان الأصلية والمستضيفة والمستثمرين. وفي 19 يونيو/حزيران 2015، بحثت حلقة نقاش في الأدوار والمسؤوليات الخاصة بالأنواع المختلفة للشركات التي تعمل على طول سلاسل الإمدادات الزراعية، والسبل التي يمكن أن تتعاون فيها من أجل بذل بالعناية الواجبة.

وساهم تنوع وجهات النظر الممثلة ضمن الفريق الاستشاري في إعداد وثيقة التوجيهات التي تشدد على احترام حقوق جميع أصحاب المصلحة المتضررين من العمليات على طول سلاسل الإمدادات الزراعية، وتحدد الأدوار والمسؤوليات الخاصة بالشركات التي تعمل على طول سلاسل الإمداد، وتقترح نُهجًا عملية من أجل تخفيف المخاطر التي تواجهها الشركات. ونثق بأن هذه التوجيهات ستكون أداة مفيدة لتوجيه الشركات في بذلها للعناية الواجبة. ونرى أنها ستعزز أيضًا مراعاة المعايير القائمة التي أخذت بعين الاعتبار عند إعداد التوجيهات.

David Hegwood

رئيس الفريق الاستشاري المتعدد أصحاب المصلحة،
ورئيس مكتب المشاركة والاستراتيجيات العالمية،
دائرة الأمن الغذائي في الوكالة الأمريكية للتنمية الدولية

توصية المجلس بشأن توجيهات منظمة التعاون والتنمية في الميدان الاقتصادي ومنظمة الأغذية والزراعة بشأن سلاسل الإمدادات الزراعية المسؤولة

13 يوليو/تموز 2016

إن المجلس،

إذ يضع في اعتباره المادة 5 (ب) من اتفاقية منظمة التعاون والتنمية في الميدان الاقتصادي، المؤرخة 14 ديسمبر/كانون الأول 1960؛

وإذ يضع في اعتباره الإعلان بشأن الاستثمار الدولي والشركات المتعددة الجنسيات [C(76)99/FINAL]، وقرار المجلس الخاص المبادئ التوجيهية بشأن الشركات المتعددة الجنسيات [C(2000)96/FINAL بالصيغة المعدلة في الوثيقة C/MIN(2011)11/FINAL] (ويُشار إليه في ما يلي باسم "القرار الخاص بالمبادئ التوجيهية")، واتفاقية مكافحة رشوة الموظفين العموميين في المعاملات التجارية الدولية، وتوصية المجلس المتعلقة بتوجيهات العناية الواجبة بشأن سلاسل الإمدادات المسؤولة للمعادن المستخرجة من المناطق المتأثرة بالنزعات والمناطق العالية المخاطر [C/MIN(2011)12/FINAL بالصيغة المعدلة في الوثيقة C(2012)93]، وتوصية المجلس بشأن الإطار السياسي للاستثمار [C(2015)56/REV1]؛

وإذ يذكّر بأن الهدف المشترك للحكومات التي توصي بمراعاة المبادئ التوجيهية بشأن الشركات المتعددة الجنسيات (ويُشار إليها في ما يلي باسم "المبادئ التوجيهية") هو تعزيز السلوك التجاري المسؤول؛

وإذ يذكّر كذلك بأن القرار الخاص المبادئ التوجيهية ينص على أن تتبع لجنة الاستثمار، بالتعاون مع جهات الاتصال الوطنية، جدول أعمال استباقي بالتعاون مع أصحاب المصلحة من أجل تعزيز المراعاة الفعالة من قبل الشركات للمبادئ والمعايير الواردة في المبادئ التوجيهية في ما يخص منتجات أو مناطق أو قطاعات أو صناعات معينة؛

وإذ يضع في اعتباره الجهود التي يبذلها المجتمع الدولي، ولا سيما لجنة الأمن الغذائي العالمي ومنظمة الأغذية والزراعة للأمم المتحدة، من أجل تعزيز الاستثمارات المسؤولة في الزراعة والنظم الغذائية، وتعزيز الحوكمة المسؤولة لحيازة الأراضي ومصايد الأسماك والغابات؛

وإذ يدرك أن بناء سلاسل الإمدادات الزراعية المسؤولة له أهمية بالغة بالنسبة إلى التنمية المستدامة؛

وإذ يدرك أن الحكومات والشركات ومنظمات المجتمع المدني والمنظمات الدولية يمكن أن تستفيد من قدراتها وأدوارها من أجل بناء سلاسل إمدادات زراعية مسؤولة تعود بالنفع على المجتمع ككل؛

وإذ يلاحظ أن العناية الواجبة تمثل عملية جارية واستباقية وتفاعلية يمكن من خلالها للشركات أن تضمن مراعاة المعايير التي تدعمها الحكومة من أجل سلاسل الإمدادات الزراعية المسؤولة، التي تتعلق بحقوق الإنسان، وحقوق العمل، والصحة والسلامة، والأمن الغذائي

والتغذية، وحقوق الحيازة؛ ورعاية الحيوان؛ وحماية البيئة، والاستخدام المستدام للموارد الطبيعية، والحوكمة، والتكنولوجيا والابتكار؛

وإذ يضع في اعتباره توجيهات منظمة التعاون والتنمية في الميدان الاقتصادي ومنظمة الأغذية والزراعة بشأن سلاسل الإمدادات الزراعية المسؤولة [C(2016)83/ADD1] (ويُشار إليها في ما يلي باسم "التوجيهات")، التي يمكن للجنة الاستثمار ولجنة الزراعة تعديلها على النحو المناسب بالتعاون مع منظمة الأغذية والزراعة؛

وإذ يلاحظ أن هذه التوجيهات تقترح سياسة نموذجية للشركات تعرض محتوى المعايير القائمة من أجل سلاسل الإمدادات الزراعية المسؤولة وإطار المراحل الخمس لبذل العناية الواجبة الذي يصف المراحل التي ينبغي للشركات أن تتبعها من أجل تحديد الآثار الضارة الحالية والمحتملة المرتبطة بالأنشطة التي تقوم بها أو بعلاقاتها التجارية، وتقييم هذه الآثار والتخفيف منها وتوضيح كيفية معالجتها؛

في ما يتعلق بمقترح لجنة الاستثمار ولجنة الزراعة:

أولًا- يوصي البلدان المؤيدة لهذه التوصية من الأعضاء وغير الأعضاء (ويُشار إليهم في ما يلي باسم "البلدان المؤيدة للتوصية")، وحسب الاقتضاء، جهات الاتصال الوطنية لديها المعنية بالمبادئ التوجيهية، بتعزيز استخدام المبادئ التوجيهية في الشركات التي تعمل في أراضيها أو من أراضيها تعزيزًا فعالًا، بهدف ضمان أن تراعي الشركات المعايير الدولية المتفق عليها بشأن السلوك التجاري المسؤول على طول سلاسل الإمدادات الزراعية، وذلك بغية الوقاية من الآثار الضارة لأنشطة هذه الشركات والمساهمة في تحقيق التنمية المستدامة، ولا سيما الحد من الفقر وتحقيق الأمن الغذائي والمساواة بين الجنسين؛

ثانيًا- **يوصي،** على وجه الخصوص، بأن تتخذ البلدان المؤيدة للتوصية تدابير كي تدعم بشكل فعال اعتماد الشركات الشركات التي تعمل في أراضيها أو من أراضيها السياسة النموذجية للشركات، وأن تدمج في الأنظمة الإدارية المؤسسية إطار المراحل الخمس للعناية الواجبة على أساس المخاطر على طول سلاسل الإمدادات الزراعية، المبيّن في هذه التوجيهات؛

ثالثًا- يوصي بأن تضمن البلدان المؤدية للتوصية وجهات الاتصال الوطنية لديها، حسب الاقتضاء، أوسع نشر ممكن للمبادئ التوجيهية واستخدامها استخدامًا فعالًا من قبل أصحاب المصلحة المتعددين، بما في ذلك الشركات الزراعية والشركات العاملة ما قبل الإنتاج وما بعده والمجتمعات المتضررة ومنظمات المجتمع المدني، ويوصيها برفع التقارير إلى لجنة الاستثمار ولجنة الزراعة بشكل منتظم بشأن أي أنشطة تخص النشر والتنفيذ، وذلك بدعم من أمانة منظمة التعاون والتنمية في الميدان الاقتصادي بما في ذلك من خلال أنشطتها مع الأمم المتحدة والمنظمات الإنمائية الدولية؛

رابعًا- **يدعو** البلدان المؤيدة للتوصية والأمين العام إلى نشر هذه التوصية؛

خامسًا- **يدعو** البلدان غير المؤيدة للتوصية إلى إيلاء الاعتبار الواجب والانضمام إليها؛

سادسًا- يكلف لجنة الاستثمار ولجنة الزراعة بمراقبة تنفيذ التوصية ورفع تقرير إلى المجلس خلال مدة أقصاها خمس سنوات عقب اعتمادها، وفي ما بعد هذه المدة حسب الاقتضاء.

1- مقدمة

معلومات أساسية

ينبغي أن يواصل القطاع الزراعي[1] استقطاب مزيد من الاستثمارات مع وجود أكثر من 570 مليون مزرعة في العالم. وهذه هي الحالة تحديدًا في جنوب آسيا وأفريقيا جنوب الصحراء الكبرى حيث يكون الرصيد الرأسمالي الزراعي للعامل الواحد منخفضًا نسبيًا ويبلغ 700 1 دولار أمريكي و200 2 دولار أمريكي على التوالي، مقارنة بمبلغ 500 16 دولار أمريكي في أمريكا اللاتينية ومنطقة الكاريبي و000 19 دولار أمريكي في أوروبا وآسيا الوسطى (منظمة الأغذية والزراعة، 2012 و2014). وفي العقد القادم، يُتوقع أن تبقى أسعار المنتجات الزراعية عند مستوى أعلى مما كانت عليه خلال السنوات ما قبل الارتفاع المفاجئ في الأسعار في عامي 2007-2008، نظرًا إلى أن الطلب على الأغذية يدفعه نمو السكان وارتفاع الدخل وتغير النظم الغذائية. ويتزايد كذلك الطلب على المنتجات الزراعية غير الأغذية (منظمة التعاون والتنمية في الميدان الاقتصادي/منظمة الأغذية والزراعة، 2015).

ويمكن أن تقدم الشركات التي تعمل على طول سلاسل الإمدادات الزراعية مساهمة مهمة نحو تحقيق التنمية المستدامة عن طريق استحداث فرص العمل والتزويد بالخبرة والتكنولوجيا والقدرات التمويلية من أجل زيادة الإنتاج الزراعي على نحو مستدام ورفع مستوى سلاسل الإمداد. ويمكن لذلك أن يعزز الأمن الغذائي والتغذوي وأن يساعد في تحقيق أهداف التنمية في البلد المستضيف. وتهدف المبادئ المتفق عليها دوليًا بشأن السلوك التجاري المسؤول[2] إلى ضمان مساهمة الشركات في تحقيق التنمية المستدامة. وهي مستخدمة بالفعل في عدد كبير من الشركات. وقد تتفاقم مخاطر عدم مراعاة هذه المبادئ مع تزايد مشاركة الجهات الفاعلة الجديدة في سلاسل الإمدادات الزراعية، مثل المستثمرين المؤسسيين، واستهداف عدد متزايد من المستثمرين أسواقًا جديدة، بما في ذلك في البلدان التي تكون فيها أطر الحوكمة ضعيفة.

ومن الأساسي توفير الإرشاد إلى الشركات العاملة في سلاسل الإمدادات الزراعية في ما يخص طريقة مراعاة المعايير القائمة للسلوك التجاري المسؤول،[3] وذلك بغية الوقاية من الآثار الضارة وضمان أن تعود الاستثمارات الزراعية بالنفع على الشركات[4] والحكومات والمجتمعات، وأن تساهم في تحقيق التنمية المستدامة، ولا سيما الحد من الفقر وتحقيق الأمن الغذائي والمساواة بين الجنسين. ويشمل نطاق الشركات المستهدفة بتوجيهات سلاسل الإمدادات الزراعية المسؤولة (ويُشار إليها في ما يلي باسم "التوجيهات") الشركات التي تعمل بشكل مباشر في الإنتاج الزراعي، مثل صغار المنتجين، والجهات الفاعلة الأخرى المعنية عن طريق العلاقات التجارية[5]، مثل صناديق الاستثمار أو صناديق الثروة السيادية أو البنوك.[6]

الغاية

تسعى التوجيهات إلى مساعدة الشركات على مراعاة المعايير القائمة للسلوك التجاري المسؤول على طول سلاسل الإمدادات الزراعية،[7] بما في ذلك المبادئ التوجيهية الصادرة عن منظمة التعاون والتنمية في الميدان الاقتصادي بشأن الشركات المتعددة الجنسيات (المبادئ التوجيهية). وتهدف إلى الوقاية من الآثار الضارة على البيئية والمجتمع وحقوق الإنسان، وإلى توفير تكملة مفيدة محتملة لعمل جهات الاتصال الوطنية المكلّفة بتعزيز فعالية المبادئ التوجيهية (أنظر الإطار 1k-1). ويمكن أن تساعد الحكومات، ولا سيما جهات الاتصال الوطنية، في جهودها الرامية إلى تعزيز المبادئ التوجيهية، وتوضيح المعايير القائمة في القطاع الزراعي.

وتشير التوجيهات إلى المعايير القائمة من أجل مساعدة الشركات على مراعاة هذه المعايير وبذل العناية الواجبة على أساس المخاطر. ولا تشير إلّا إلى أجزاء من المبادئ التوجيهية والمعايير الأخرى الأوثق صلة بسلاسل الإمدادات الزراعية، ولا تهدف إلى الاستعاضة عنها. لذا، ينبغي أن تنظر الشركات بشكل مباشر إلى كلٍ من هذه المعايير قبل أي ادعاءات بشأن المراعاة التي تقوم بها. ولا تلقى المعايير المتناولة في هذه التوجيهات تأييدًا من جميع البلدان المنضمة إلى الإعلان بشأن الاستثمار الدولي والشركات المتعددة الجنسيات، التي تشكل المبادئ التوجيهية جزءًا لا يتجزأ منها، أو من أعضاء منظمة الأغذية والزراعة.

النطاق

تنظر التوجيهات في المعايير القائمة ذات الصلة بالسلوك التجاري المسؤول على طول سلاسل الإمدادات الزراعية، بما في ذلك ما يلي:

- المبادئ التوجيهية الصادرة عن منظمة التعاون والتنمية في الميدان الاقتصادي بشأن الشركات المتعددة الجنسيات (المبادئ التوجيهية)
- مبادئ لجنة الأمن الغذائي العالمي الخاصة بالاستثمارات المسؤولة في الزراعة والنظم الغذائية (مبادئ الاستثمارات المسؤولة)
- الخطوط التوجيهية الطوعية الصادرة عن لجنة الأمن الغذائي العالمي بشأن الحكامة المسؤولة لحيازة الأراضي ومصايد الأسماك والغابات في سياق الأمن الغذائي الوطني (الخطوط التوجيهية الطوعية)
- مبادئ الاستثمار الزراعي المسؤول التي تحترم الحقوق وسبل العيش والموارد، التي قام بإعدادها كلّ من منظمة الأغذية والزراعة والصندوق الدولي للتنمية الزراعية (الصندوق) ومؤتمر الأمم المتحدة للتجارة والتنمية (الأونكتاد) والبنك الدولي (مبادئ الاستثمار الزراعي المسؤول)
- المبادئ التوجيهية بشأن الأعمال التجارية وحقوق الإنسان [تنفيذ إطار الأمم المتحدة المعنون "الحماية والاحترام والانتصاف"] (المبادئ التوجيهية للأمم المتحدة)
- إعلان منظمة العمل الدولية الثلاثي للمبادئ المتعلقة بالشركات المتعددة الجنسيات والسياسة الاجتماعية (إعلان منظمة العمل الدولية بشأن الشركات المتعددة الجنسيات)
- اتفاقية التنوع البيولوجي، بما في ذلك خطوط أكويه: كون التوجيهية الطوعية الخاصة بالاتفاقية المذكورة
- اتفاقية لجنة الأمم المتحدة الاقتصادية لأوروبا الخاصة بإتاحة فرص الحصول على المعلومات عن البيئة ومشاركة الجمهور في اتخاذ القرارات بشأنها والاحتكام إلى القضاء في المسائل المتعلقة بها (اتفاقية آرهوس).

وتستوفي المعايير المذكورة أعلاه المقاييس الثلاثة التالية التي وضعها الفريق الاستشاري:[8] وقد جرى التفاوض عليها و/أو إقرارها من خلال عملية حكومية دولية؛ وتتصل بسلاسل الإمدادات الزراعية وتستهدف مجتمع الأعمال/المستثمرين بشكل خاص. ويرد كذلك في الإطار 1-1 وصف للمعايير الرئيسية الأربعة التي يتناولها هذا الدليل. وتنظر التوجيهات أيضًا في المعايير التالية التي لا تستوفي هذه المقاييس، ولكنها تُستخدم على نطاق واسع لدرجة أنها تتوافق مع المعايير المذكورة أعلاه، وهي:

- معايير مؤسسة التمويل الدولية للأداء؛
- مبادئ الاتفاق العالمي للأمم المتحدة.

ويُشار أيضًا إلى صكوك إضافية، مثل معاهدات الأمم المتحدة لحقوق الإنسان، عندما تكون ذات صلة بتنفيذ المعايير المذكورة أعلاه. وإضافة إلى ذلك، قد تجد الشركات أنه من

المفيد الرجوع إلى معايير أخرى لم يتم تناولها في هذه التوجيهات وإلى أدوات وتوجيهات أكثر تحديدًا، وتوجد قائمة خاصة بها وهي متاحة على الإنترنت.[9]

الإطار 1-1- وصف المعايير الرئيسية التي تتناولها التوجيهات

المبادئ التوجيهية الصادرة عن منظمة التعاون والتنمية في الميدان الاقتصادي بشأن الشركات المتعددة الجنسيات *(المبادئ التوجيهية)*: تشكل المبادئ التوجيهية جزءًا من الأجزاء الأربعة لإعلان عام 1976 لمنظمة التعاون والتنمية في الميدان الاقتصادي بشأن الاستثمار الدولي والشركات المتعددة الجنسيات، الذي **تلتزم** بموجبه البلدان المنضمة إلى الإعلان بتوفير بيئة استثمارية دولية منفتحة وشفافة، وبتشجيع المساهمة الإيجابية للشركات المتعددة الجنسيات نحو تحقيق التقدم الاقتصادي والاجتماعي. ويوجد حاليًا 46 بلدًا منضمًا إلى الإعلان – 34 اقتصادًا من اقتصادات منظمة التعاون الاقتصادي والتنمية و12 اقتصادًا من الاقتصادات الأخرى.[1] وجرى تنقيح المبادئ التوجيهية عدة مرات، وكان آخرها في عام 2011. وهي أشمل مجموعة من التوصيات المدعومة من الحكومة بشأن ما يشكل السلوك التجاري المسؤول. وتغطي تسعة مجالات رئيسية من مجالات السلوك التجاري المسؤول، وهي الإفصاح عن المعلومات، وحقوق الإنسان، والتوظيف والعلاقات الصناعية، والبيئة، والرشوة والفساد، ومصالح المستهلك، والعلوم والتكنولوجيا، والمنافسة، وفرض الضرائب. وهي موجهة من الحكومات إلى الشركات المتعددة الجنسيات التي تعمل في البلدان المنضمة أو منها. ويتعين على كل بلد منضم إعداد جهة اتصال وطنية لتعزيز فعالية المبادئ التوجيهية من خلال القيام بأنشطة ترويجية ومعالجة الاستفسارات والمساهمة في حل القضايا التي تنشأ في ما يخص تنفيذ المبادئ التوجيهية في حالات معينة. والمبادئ التوجيهية هي أول صك دولي يدرج المسؤولية المؤسسية لاحترام حقوق الإنسان على النحو المنصوص عليه في المبادئ التوجيهية للأمم المتحدة ويدمج العناية الواجبة على أساس المخاطر في المجالات الرئيسية لأخلاقيات الأعمال التجارية المتعلقة بالآثار الضارة.[2]

مبادئ الاستثمارات المسؤولة في الزراعة والنظم الغذائية (مبادئ الاستثمارات المسؤولة): اعتُمدت المبادئ عن طريق مفاوضات حكومية دولية أشرفت عليها لجنة الأمن الغذائي العالمي من عام 2012 إلى عام 2014، وشاركت فيها منظمات المجتمع المدني، والقطاع الخاص، وأكاديميون، وباحثون، ومنظمات دولية. وأقرّتها لجنة الأمن الغذائي العالمي في 15 أكتوبر/تشرين الأول 2014 في دورتها الحادية والأربعين. وهي طوعية وغير ملزمة وتتناول جميع أنواع الاستثمارات في الزراعة والنظم الغذائية. وتحتوي على عشرة مبادئ أساسية تتعلق بما يلي: الأمن الغذائي والتغذية، والتنمية الاقتصادية المستدامة والشاملة والقضاء على الفقر، والمساواة بين الجنسين وتمكين المرأة، والشباب، وحيازة الأراضي ومصايد الأسماك والغابات والحصول على المياه، والإدارة المستدامة للموارد الطبيعية، والتراث الثقافي والمعارف التقليدية والتنوع والابتكار، والزراعة الآمنة والصحية، والهياكل والعمليات وآليات التظلم الشاملة والشفافة، والآثار والمساءلة. ويصف قسم إضافي أدوار أصحاب المصلحة ومسؤولياتهم.

الخطوط التوجيهية الطوعية بشأن الحوكمة المسؤولة لحيازة الأراضي ومصايد الأسماك والغابات في سياق الأمن الغذائي الوطني (الخطوط التوجيهية الطوعية): تمثل الخطوط التوجيهية الطوعية هذه الخطوط التوجيهية العالمية الأولى بشأن حوكمة الحيازة. وجرى إعدادها من خلال مفاوضات حكومية دولية أشرفت عليها لجنة الأمن الغذائي العالمي، وشاركت فيها أيضًا منظمات المجتمع المدني، والقطاع الخاص، وأكاديميون، وباحثون، ومنظمات دولية. وأقرتها لجنة الأمن الغذائي العالمي في دورتها الثامنة والثلاثون (الخاصة) في 11 مايو/أيار 2012. وقد حظيت الخطوط التوجيهية الطوعية

15 المسؤولة الزراعية الإمدادات سلاسل بشأن والزراعة الأغذية ومنظمة الاقتصادي الميدان في والتنمية التعاون منظمة توجيهات 2021 OECD, FAO ©

باعتراف عالمي وشجع على تنفيذها مجموعة العشرين في إعلان مؤتمر ريو +20. وفي 21 ديسمبر/كانون الأول 2012، رحبت الجمعية العامة للأمم المتحدة بنتائج الدورة الثامنة والثلاثين (الخاصة) للجنة الأمن الغذائي العالمي التي أقرت الخطوط التوجيهية الطوعية؛ وشجعت البلدان على إيلاء الاعتبار الواجب لتنفيذها، وطلبت من كيانات الأمم المتحدة ذات الصلة ضمان توزيعها والترويج لها على وجه السرعة.[3] وتوفر هذه الخطوط التوجيهية إطارًا مرجعيًا لتحسين حوكمة حيازة الأراضي ومصايد الأسماك والغابات التي تدعم الأمن الغذائي وتساهم في الجهود العالمية والوطنية الرامية إلى القضاء على الجوع والفقر. واعترافًا بالدور المركزي للأراضي في مجال التنمية، فإنها تعزز حقوق الحيازة المضمونة والوصول العادل إلى الأراضي ومصايد الأسماك والغابات. وتحدد الممارسات المقبولة دوليًا والمبادئ التي قد توجه إعداد وتنفيذ السياسات والقوانين المتعلقة بحوكمة الحيازة. وتدعم هذه الخطوط التوجيهية *الخطوط التوجيهية الطوعية من أجل الإعمال المطرد للحق في غذاء كاف في سياق الأمن الغذائي الوطني*، التي اعتمدها مجلس منظمة الأغذية والزراعة في نوفمبر/تشرين الثاني 2004، وتستند إليها.

الإطار 1-1- **وصف المعايير الرئيسية التي تتناولها التوجيهات** *(تتمة)*

مبادئ الاستثمار الزراعي المسؤول التي تحترم الحقوق وسبل كسب العيش والموارد (مبادئ الاستثمار الزراعي المسؤول): عقد فريق العمل المشترك بين الوكالات، المؤلف من الصندوق الدولي للتنمية الزراعية ومنظمة الأغذية والزراعة والأونكتاد والبنك الدولي، حلقة حوار خلال الجمعية العامة للأمم المتحدة في سبتمبر/أيلول 2009 بشأن "تشجيع الاستثمار الدولي المسؤول في الزراعة" من أجل عرض المبادئ السبعة، ونشر في وقت لاحق نسخة شاملة في فبراير/شباط 2010. وتركز المبادئ السبعة على الحقوق في الأرض والموارد، والأمن الغذائي، والشفافية، والحوكمة الرشيدة، والبيئة التمكينية، والتشاور والمشاركة، والاستثمارات المسؤولة في المشاريع الزراعية، والاستدامة الاجتماعية، والاستدامة البيئية.[4] وشجعت مجموعة العشرين في مؤتمر قمة سيول المنعقد في نوفمبر/تشرين الثاني 2010 "جميع البلدان والشركات على التمسك بمبادئ الاستثمارات الزراعية المسؤولة" كجزء من خطة عملها المتعددة السنوات بشأن التنمية. ورفع فريق العمل المشترك بين الوكالات تقريرًا بشأن مبادئ الاستثمارات الزراعية المسؤولة وخطة عمل تخص خيارات تعزيز الاستثمارات المسؤولة في الزراعة إلى مجموعة العشرين في عام 2011، وإلى مجموعة الثمانية في عام 2012.[5] واتفقت مجموعة العشرين على نهج مزدوج المسارات بوصفه سبيلًا للمضي قدمًا لاختبار مبادئ الاستثمارات الزراعية المسؤول واستخدام الدروس المستفادة من أجل إرشاد مختلف العمليات التشاورية. وفي أكتوبر/تشرين الأول 2012، رفع فريق العمل تقريرًا مرحليًا بشأن خطة عمله وكانت فيه إشارة خاصة إلى الاختبار الميداني لمبادئ الاستثمارات الزراعية المسؤولة مع البلدان المستضيفة والشركات.[6] ومؤخرًا، أعرب في تقرير سانت بطرسبرغ لعام 2013 بشأن مساءلة مجموعة العشرين عن التزاماتها الإنمائية عن "الترحيب بتقدم المشاريع التجريبية التي تجري اختبارًا ميدانيًا لمبادئ الاستثمارات الزراعية المسؤولة في بعض بلدان أفريقيا وجنوب شرق آسيا".

1- اعتبارًا من فبراير/شباط 2016، هذه الاقتصادات هي الأرجنتين والأردن والبرازيل وبيرو وتونس ورومانيا وكوستاريكا وكولومبيا ولاتفيا وليتوانيا وجمهورية مصر العربية والمغرب.

2- تنطبق العناية الواجبة على جميع فصول الخطوط التوجيهية، باستثناء العلوم والتكنولوجيا والمنافسة والضرائب.

3- *www.un.org/News/Press/docs//2012/ga11332.doc.htm*.

4- يمكن تنزيل نص مبادئ الاستثمارات الزراعية المسؤولة من الموقع التالي *www.responsibleagroinvestment.org*.

-5 فريق العمل المشترك بين الوكالات المعني بركيزة الأمن الغذائي لخطة العمل الإنمائية المتعددة السنوات لمجموعة العشرين، "الخيارات الكفيلة بتشجيع الاستثمارات المسؤولة في الزراعة"، وهو التقرير المقدم إلى فريق العمل رفيع المستوى في سبتمبر/أيلول 2011.

-6 فريق العمل المشترك بين الوكالات المعني بمبادئ الاستثمارات الزراعية المسؤولة، التقرير التوليفي بشأن الاختبار الميداني لمبادئ الاستثمارات الزراعية المسؤولة، أكتوبر/تشرين الأول 2012.

المستخدمون المستهدفون

رغم الاعتراف بأن المزارعين هم أكبر المستثمرين في الزراعة الأولية، تستهدف التوجيهات جميع الشركات العاملة على طول سلاسل الإمدادات الزراعية على النحو المبيّن في الشكل 1-1، بما في ذلك الشركات المحلية والأجنبية، والخاصة والعامة، والصغيرة والمتوسطة والكبيرة، ويُشار إليها في التوجيهات باسم "الشركات".[10] ويمكن أيضًا أن تستخدمها الحكومات، ولا سيما جهات الاتصال الوطنية، من أجل فهم وتعزيز المعايير القائمة في سلاسل الإمدادات الزراعية بشكل أفضل. وعلاوة على ذلك، يمكن أن تساعد المجتمعات المتضررة على فهم ما ينبغي أن تتوقعه من الجهات الفاعلة المذكورة أعلاه، وأن تضمن بالتالي احترام حقوقها.

العملية

أعدّت منظمة الأغذية والزراعة ومنظمة التعاون والتنمية في الميدان الاقتصادي هذه التوجيهات من خلال عملية تشاورية شاملة قادها فريق استشاري متعدد أصحاب المصلحة تم تأسيسه في أكتوبر/تشرين الأول 2013.[11] ويتألف الفريق الاستشاري من ممثلين عن البلدان الأعضاء وغير الأعضاء في منظمة التعاون والتنمية في الميدان الاقتصادي، وممثلين عن المستثمرين من الشركات وشركات المنتجات الزراعية الغذائية ومنظمات المزارعين ومنظمات المجتمع المدني والمنظمات الدولية. وتتمثل مهامه في ما يلي:

- تقديم مدخلات جوهرية من أجل إعداد التوجيهات.
- تقديم المساعدة في عملية التشاور مع أصحاب المصلحة الآخرين على نطاق واسع، بما في ذلك عن طريق تقديم المداخلات والمشاركة في عمليات أصحاب المصلحة المتعددين، ولا سيما اجتماعات وفريق العمل المفتوح العضوية المعني بمبادئ الاستثمارات المسؤولة.
- تقديم مداخلات جوهرية بشأن تدابير المتابعة لتعزيز التوجيهات وتنفيذها على نحو فعال.

وتولت منظمة الأغذية والزراعة ومنظمة التعاون والتنمية في الميدان الاقتصادي تنسيق العملية التشاورية بالتعاون مع الفريق الاستشاري وبقيادة رئيس الفريق ونوابه. وجرت على نحو منتظم استشارة فريق العمل التابع لمنظمة التعاون والتنمية في الميدان الاقتصادي المعني بالسلوك التجاري المسؤول، والهيئة الفرعية للجنة الاستثمار، وفريق العمل المعني بالسياسات والأسواق الزراعية، والهيئة الفرعية للجنة الزراعة التابعة لمنظمة التعاون والتنمية في الميدان الاقتصادي.

المفاهيم الرئيسية

سلاسل الإمدادات الزراعية

تشير سلاسل الإمدادات الزراعية إلى النظام الذي يشمل جميع الأنشطة والمنظمات والجهات الفاعلة والتكنولوجيا والمعلومات والموارد والخدمات التي تشارك في إنتاج المنتجات الزراعية الغذائية للأسواق الاستهلاكية. وتشمل قطاعات ما قبل الإنتاج وما بعده، من الإمداد بالمدخلات الزراعية (مثل البذور أو الأسمدة أو الأعلاف أو الأدوية أو المعدات) إلى الإنتاج والمناولة بعد الحصاد والمعالجة والنقل والتسويق والتوزيع والبيع بالتجزئة. وتشمل أيضًا خدمات الدعم مثل خدمات الإرشاد، والبحث والتطوير، والمعلومات عن الأسواق. وبهذا، فهي

تتكون من مجموعة واسعة من الشركات، بدءًا من أصحاب الحيازات الصغيرة، ومنظمات المزارعين، والتعاونيات، والشركات الناشئة، وصولًا إلى الشركات المتعددة الجنسيات من خلال الشركات الأم أو الشركات المحلية التابعة لها، والشركات والصناديق المملوكة للدولة، والجهات المالية الخاصة والشركات الخاصة. وقد دخلت بعض الجهات الفاعلة هذا القطاع في السنوات الأخيرة.

وتختلف بشكل كبير هيكلية سلاسل الإمداد والشركات المشاركة في كل مرحلة بالنسبة إلى شتى المنتجات والمناطق الجغرافية.[12] وبالتالي، ينبغي تحديد الشركات التي تعمل على طول سلاسل الإمدادات الزراعية على أساس كل حالة على حدة، بهدف تحقيق فهم أفضل للعلاقات والمعلومات والتدفقات المالية بين هذه الشركات وتحسين تصميم عمليات المراجعة. ولأغراض هذه التوجيهات، تم اقتراح هيكلية مبسطة لسلسلة الإمداد في الشكل 1-1.

وتترابط الشركات من خلال العلاقات والترتيبات المتنوعة. ويمكن لمؤسسات ما بعد الإنتاج أن تنخرط في أنواع مختلفة من العلاقات مع الشركات الزراعية من أجل ضمان الوصول إلى المنتجات الزراعية. ويمكنها أن تفرض معايير ومواصفات على المنتجين من دون أن تشارك بشيء كثير غير توقيع عقد الشراء. ولكن يمكنها أيضًا أن تشارك بشكل فعال أكثر، خاصة من خلال الزراعة التعاقدية، بغية تنسيق الإنتاج وضمان الجودة والسلامة.[13] ويمكن أن تشارك الشركات المالية بطريقة غير مباشرة من خلال توفير رأس المال الشركات الزراعية ومؤسسات ما بعد الإنتاج، وذلك عن طريق الاستثمارات في المشاريع الجديدة أو الموجودة بالفعل، أو المشاريع المشتركة، أو عمليات الدمج والاستحواذ. وكثيرًا ما يكون من الصعب عمليًا تحديد هذه الفئات. وعلى سبيل المثال، كثيرًا ما تملك التعاونيات أو تدير المعدات الزراعية وأصول ما بعد الإنتاج (منها مثلًا مطاحن السكر)، وبالتالي يمكن أن تعتبر مؤسسات لما بعد الإنتاج وليس مؤسسات زراعية فحسب.

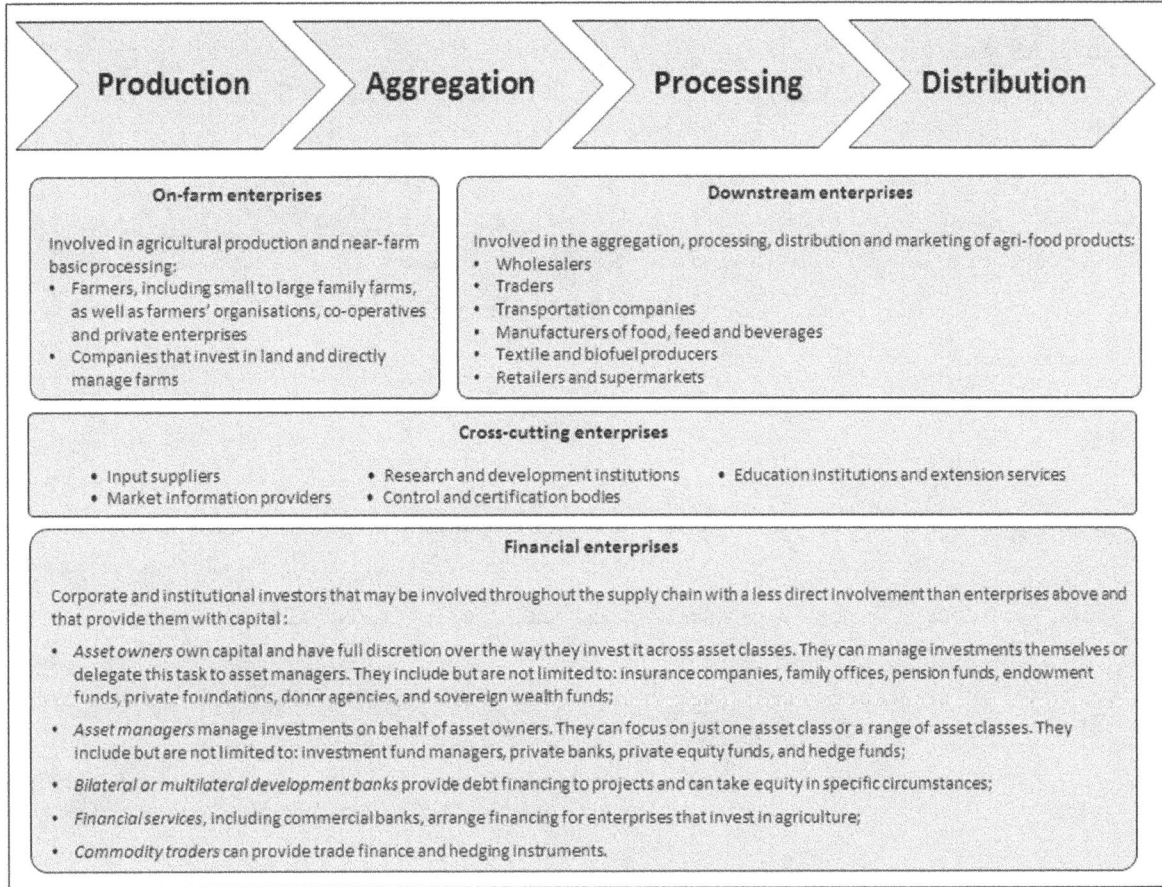

الشكل 1-1- **المراحل المختلفة لسلاسل الإمدادات الزراعية والشركات المعنية**

Production
Aggregation
Processing
Distribution
On-farm enterprises
Involved in agricultural production and near-farm basic processing:
• Farmers, including small to large family farms, as well as farmers' organisations, co-operatives and private enterprises
• Companies that invest in land and directly manage farms
Downstream enterprises
Involved in the aggregation, processing, distribution and marketing of agri-food products:
• Wholesalers
• Traders
• Transportation companies
• Manufacturers of food, feed and beverages
• Textile and biofuel producers
• Retailers and supermarkets
Cross-cutting enterprises
• Input suppliers
• Market information providers
• Research and development institutions
• Control and certification bodies
• Education institutions and extension services
Financial enterprises
Corporate and institutional investors that may be involved throughout the supply chain with a less direct involvement than enterprises above and that provide them with capital:
• Asset owners own capital and have full discretion over the way they invest it across asset classes. They can manage investments themselves or delegate this task to asset managers. They include but are not limited to: insurance companies, family offices, pension funds, endowment funds, private foundations, donor agencies, and sovereign wealth funds;
• Asset managers manage investments on behalf of asset owners. They can focus on just one asset class or a range of asset classes. They include but are not limited to: investment fund managers, private banks, private equity funds, and hedge funds;
• Bilateral or multilateral development banks provide debt financing to projects and can take equity in specific circumstances;
• Financial services, including commercial banks, arrange financing for enterprises that invest in agriculture;
• Commodity traders can provide trade finance and hedging instruments.

بيانات الشكل 1-1

الإنتاج - التجميع – التجهيز – التوزيع

الشركات الزراعية

تشارك في الإنتاج الزراعي والمعالجة الأساسية بالقرب من المزارع:

- المزارعون، بما في ذلك المزارع الأسرية الصغيرة إلى الكبيرة، ومنظمات المزارعين والتعاونيات والشركات الخاصة
- الشركات التي تستثمر في الأراضي وتدير المزارع مباشرة

مؤسسات ما بعد الإنتاج

تشارك في تجميع المنتجات الزراعية الغذائية ومعالجتها وتوزيعها وتسويقها:

- تجار الجملة
- التجار
- شركات النقل
- الشركات المصنّعة للأغذية والأعلاف والمشروبات
- منتجو النسيج والوقود الأحيائي
- تجار التجزئة ومتاجر الأغذية

الشركات المتعددة القطاعات

- موردي المدخلات
- مؤسسات البحث والتطوير
- الشركات التعليمية والخدمات الإرشادية
- مقدمي المعلومات عن الأسواق

- هيئات المراقبة وإصدار الشهادات

الشركات المالية

المستثمرون من الشركات والشركات الذين قد يشاركون في سلسلة الإمداد مع مشاركة مباشرة بقدر أقلّ من جانب الشركات المذكورة أعلاه والتي توفر لهم رأس المال:

- يمتلك *أصحاب الأصول* رأس المال ولديهم حرية التصرف الكاملة في الطريقة التي يستثمرون بها في شتى فئات الأصول. ويمكنهم إدارة الاستثمارات بأنفسهم أو تفويض هذه المهمة إلى مديري الأصول. ويدخل في هذا النطاق على سبيل المثال لا الحصر: شركات التأمين، ومكاتب الأسرة، وصناديق المعاشات التقاعدية، وصناديق الهبات، والشركات الخاصة، والوكالات المانحة، وصناديق الثروة السيادية؛
- يقوم *مديرو الأصول* بإدارة الاستثمارات نيابة عن مالكيها. ويمكنهم التركيز على فئة أصول واحدة فقط أو على مجموعة من فئات الأصول. ومن بين المديرين، على سبيل المثال لا الحصر، مديرو صناديق الاستثمار والبنوك الخاصة وصناديق الأسهم الخاصة وصناديق التحوط؛
- تقوم *بنوك التنمية الثنائية أو المتعددة الأطراف* بتمويل الديون إلى المشاريع ويمكنها أن تستثمر في رأس المال في ظروف محددة؛
- ينظم *مقدمو الخدمات المالية*، بما في ذلك البنوك التجارية، التمويل للشركات التي تستثمر في الزراعة؛
- يمكن *لتجار السلع* توفير التمويل التجاري وأدوات التحوط.

ملاحظة: هذا الرسم البياني هو لأغراض مرجعية فقط وليس الغرض منه أن يكون شاملاً.

الشكل 1-2- المخاطر الموجودة في مختلف مراحل سلاسل الإمدادات الزراعية

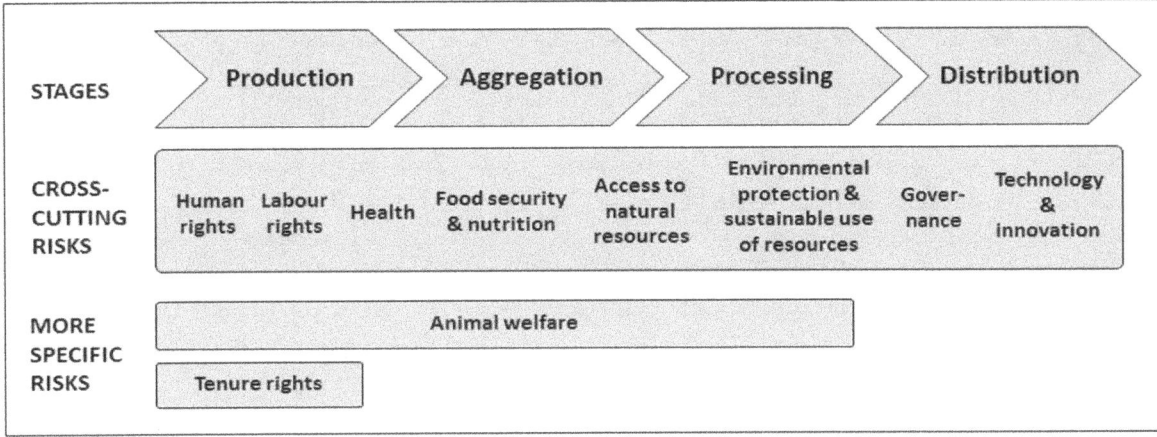

بيانات الشكل:
المراحل: الإنتاج – التجميع- التجهيز – التوزيع
المخاطر الشاملة: حقوق الإنسان – حقوق العمل – الصحة – الأمن الغذائي والتغذية – الحصول على الموارد الطبيعية – حماية البيئة والاستخدام المستدام للموارد – الحوكمة – التكنولوجيا والإبداع
المخاطر الأكثر تحديدًا: الرفق بالحيوان – حقوق الحيازة

ويمكن للشركات، بناء على موقعها في سلاسل الإمداد، أن تركز على مخاطر محددة (الشكل 1-2). وعلى سبيل المثال، تواجه الشركات الزراعية مخاطر أكبر في ما يتعلق بحيازة الأراضي. وبالتالي، ينبغي لها أن تركز بشكل خاص على إجراء مشاورات هادفة وفعالة وبمبدأ حسن النية مع أصحاب حقوق الحيازة.

العناية الواجبة

يُقصد بالعناية الواجبة العملية التي يمكن من خلالها للشركات تحديد الآثار الضارة للأنشطة التي تقوم بها وتقييم هذه الآثار والتخفيف منها والوقاية منها وتوضيح كيفية معالجتها، وذلك كجزء من عملية اتخاذ القرارات المتعلقة بالأعمال التجارية ونظم إدارة المخاطر.[14] وتتعلق العناية الواجبة بالآثار الضارة التي تسببها الشركات أو تشارك فيها، وتتعلق كذلك بالآثار الضارة التي ترتبط مباشرة بعملياتها أو منتجاتها أو خدماتها عن طريق علاقة تجارية (أنظر الإطار 1-2 من أجل الاطلاع على مزيد من التفاصيل).

الإطار 1-2- معالجة الآثار الضارة

وفقًا للمبادئ التوجيهية، ينبغي للشركات أن "تتجنب التسبب أو المشاركة في حدوث آثار ضارة عن طريق أنشطتها على القضايا التي تغطيها المبادئ التوجيهية، وأن تعالج هذه الآثار عند حدوثها". وينبغي لها أيضًا أن "تسعى إلى الوقاية من أثر ضار أو التخفيف منه عندما لا تكون مشاركة في حدوثه، وذلك في حال كان الأثر رغم ذلك مرتبطًا بشكل مباشر بعملياتها أو منتجاتها أو خدماتها عن طريق علاقة تجارية. ولا يُقصد من هذا نقل المسؤولية من الهيئة المتسببة بحدوث أثر ضار إلى الشركة التي لها علاقة تجارية معها". وعلى سبيل المثال، قد تشارك مؤسسة مالية ما في أثر ضار تسببت به الشركة التي تستثمر فيها الشركة المالية وتملك فيها الأغلبية المسيطرة من الأسهم.

و*"تسبب"* شركة ما في حدوث أثر ضار إذا كانت هناك علاقة سببية بين الأثر الضار وعمليات الشركة أو منتجاتها أو خدماتها. ويمكن أن يحصل ذلك عن طريق فعل أو تقصير، أي بعبارة أخرى، غياب الفعل. وينبغي تفسير *"المشاركة في"* حدوث أثر ضار على أنها

مشاركة كبيرة، أي نشاط يسبب حدوث أثر ضار على يد هيئة أخرى أو يسهّل ذلك أو يحفزه. ويمكن لشركة ما أن تشارك أيضًا في حدوث أثر ضار إذا كانت مجموعة أنشطتها وأنشطة هيئة أخرى تؤدي إلى حدوث أثر ضار. أما مفهوم *"مرتبط بشكل مباشر"* فهو مفهوم واسع يشمل الآثار الضارة المرتبطة بالعلاقات التجارية. ويتضمن مصطلح العلاقة التجارية علاقات شركة ما مع الشركاء التجاريين والهيئات في سلسلة الإمداد وأي هيئات أخرى حكومية وغير حكومية ترتبط بشكل مباشر بعملياتها أو منتجاتها أو خدماتها التجارية. ويُشار في هذه التوجيهات إلى الهيئات التي تكون لشركة ما علاقة تجارية معها باسم *"الشركاء التجاريين"*.

وتشدد المبادئ التوجيهية على أنه "ينبغي للشركات تشجيع الشركاء التجاريين، حيثما أمكن، بما في ذلك الموردين والمتعاقدين من الباطن، بغية تطبيق مبادئ السلوك التجاري المسؤول التي تتوافق مع المبادئ التوجيهية. وتنص أيضًا على أنه "ينبغي لمؤسسة ما، سواء أكانت تعمل بمفردها أم بالتعاون مع كيانات أخرى، حسب الاقتضاء، أن تستخدم نفوذها[1] للتأثير على الهيئة التي تتسبب في حدوث الأثر الضار على حقوق الإنسان من أجل الوقاية من هذا الأثر أو التخفيف منه." وتشمل العوامل التي تحدد الإجراء المناسب "نفوذ الشركة على الهيئة المعنية، ومدى أهمية العلاقة بالنسبة إلى الشركة، وشدة الأثر، وما إذا كان إنهاء العلاقة مع الهيئة نفسها سيكون له آثار ضارة على حقوق الإنسان".

وبالتالي، يُتوقع من الشركات أن تستخدم نفوذها على الهيئات التي ترتبط بشكل مباشر بعملياتها أو منتجاتها أو خدماتها من أجل دعم تنفيذ هذه التوجيهات. وعلى سبيل المثال، إذا كان الشركاء التجاريون للمؤسسة يزوّدون من أي شريك تجاري ينتهك حقوق الحيازة المشروعة، أو يتعاملون معه، ينبغي عندها لشركة أن تعمل معهم على اتخاذ إجراءات تصحيحية والقيام، إلى أقصى قدر ممكن، بإنهاء علاقة التجارية في حال عدم اتخاذ أي إجراءات علاجية.

يُعتبر النفوذ موجودًا عندما تكون الشركة قادرة على إجراء تغيير في الممارسات غير المشروعة للهيئة التي تتسبب في الضرر.

المصدر: المبادئ التوجيهية الصادرة عن منظمة التعاون والتنمية في الميدان الاقتصادي، ثانيًا-ألف 11-13؛ وثانيًا-ألف، الفقرة 14، ورابعًا- 43؛ منظمة التعاون والتنمية في الميدان الاقتصادي (2014).

وتقيّم الشركات المخاطر عن طريق تحديد الظروف المستندة إلى الوقائع لأنشطتها وعلاقاتها التجارية، وتقييم هذه الوقائع وفقًا للحقوق والواجبات المعمول بها بموجب القوانين والمعايير الوطنية والدولية، وتوصيات السلوك التجاري المسؤول للمنظمات الدولية، والأدوات التي تدعمها الحكومة، والمبادئ الطوعية الخاصة، وسياسات المنظمة وأنظمتها. ويمكن للعناية الواجبة أن تساعد الشركات وشركاءها التجاريين على ضمان مراعاة القانون الدولي والوطني ومعايير السلوك التجاري المسؤول.

وستتأثر طبيعة العناية الواجبة ومداها بعوامل مثل حجم الشركة، وسياق وموقع عملياتها، وطبيعة منتجاتها أو خدماتها، وشدة الآثار الضارة الفعلية والمحتملة.[15] ومع أن الشركات الصغيرة والمتوسطة، ولا سيما أصحاب الحيازات الصغيرة، قد لا تكون قادرة على بذل العناية الواجبة على النحو الموصى به في هذه التوجيهات، لكن يجري حثّها على مواصلة المشاركة في جهود العناية الواجبة التي يبذلها عملاؤها من أجل تحسين قدرتهم وتمكينهم من بذل العناية الواجبة المناسبة في المستقبل.

وتوصي المبادئ التوجيهية بتنفيذ العناية الواجبة على أساس المخاطر، مما يعني أن طبيعة العناية الواجبة ومداها ينبغي أن يتوافقا مع نوع مخاطر الآثار الضارة ومستواها.[16] وينبغي أن تحدد شدة الآثار الضارة الفعلية والمحتملة حجم العناية الواجبة اللازمة وتعقيدها. وينبغي أن تخضع المناطق العالية المخاطر للعناية الواجبة المعزّزة. وعندما يكون لدى

الشركات عدد كبير من الموردين، يجري حثّها على تحديد المجالات العامة التي يكمن فيها الخطر الأكبر للآثار الضارة والقيام، استنادًا إلى تقييم المخاطر هذا، بإسناد الأولوية للموردين في ما يخص العناية الواجبة.[17] ولا ينبغي لنهج قائم على أساس المخاطر أن يمنع الشركات من العمل في سياقات معينة أو من العمل مع شركاء تجاريين معينين، بل ينبغي أن يساعدهم في إدارة مخاطر الآثار الضارة إدارة فعالة في السياقات العالية المخاطر.

وعلى النحو المبيّن في القسم 3، يمكن دمج المكونات المختلفة للعناية الواجبة في الإطار التالي للخطوات الخمس (الإطار 1-3).

الإطار 1-3 إطار الخطوات الخمس للعناية الواجبة

- الخطوة 1: إنشاء نظم إدارة قوية في الشركات من أجل سلاسل الإمداد المسؤولة.
- الخطوة 2: تحديد المخاطر الموجودة في سلسلة الإمداد وتقييمها وترتيبها بحسب الأولوية.
- الخطوة 3: وضع وتنفيذ استراتيجية من أجل الاستجابة للمخاطر المحددة في سلسلة الإمداد.
- الخطوة 4: التحقق من العناية الواجبة في سلسلة الإمداد.
- الخطوة 5: رفع تقارير بشأن العناية الواجبة في سلسلة الإمداد.

المصدر: منظمة التعاون والتنمية في الميدان الاقتصادي، 2013.

بما أن الشركة ذاتها قد تغطي مراحل مختلفة من سلسلة الإمداد، فإن ضمان التنسيق الجيد على مختلف مستويات الشركة يمكن أن يساعد في تنفيذ العناية الواجبة. ومع إيلاء الاعتبار الواجب لقضايا المنافسة وخصوصية البيانات، يمكن للشركات بذل العناية الواجبة عن طريق التعاون ضمن قطاع الصناعة من أجل ضمان اتسام العملية بالتعزيز المتبادل وخفض التكاليف من خلال ما يلي:

- التعاون على مستوى القطاع، على سبيل المثال من خلال المبادرات التي تقوم منظمة في القطاع بإنشائها وإدارتها من أجل دعم وتعزيز الالتزام بالمعايير الدولية[18]
- تقاسم التكاليف بين مؤسسات القطاع في ما يخص مهام العناية الواجبة المحددة
- التنسيق بين أعضاء القطاع الذين يتشاركون الموردين ذاتهم
- التنسيق بين مختلف أقسام سلسلة الإمداد، مثل مؤسسات ما قبل الإنتاج ومؤسسات ما بعد الإنتاج.

ويمكن أيضًا للشراكات مع المنظمات الدولية ومنظمات المجتمع المدني أن تدعم العناية الواجبة. وتتسم البرامج التي توجهها الصناعة بمصداقية أكثر عندما لا تكون مقتصرة على الشركات التجارية فقط، بل تشمل كذلك منظمات المجتمع المدني ونقابات العمال والخبراء ذوي الصلة وتسمح ببناء التوافق في ما بينهم. ومع ذلك، تحتفظ الشركات بالمسؤولية الفردية عن العناية الواجبة التي تبذلها.

الهيكلية

إن هيكلية التوجيهات مستقاة من توجيهات العناية الواجبة الصادرة عن منظمة التعاون والتنمية في الميدان الاقتصادي بشأن سلاسل الإمداد المسؤولة للمعادن المستخرجة من المناطق المتأثرة بالنزاعات والمناطق العالية المخاطر،[19] وتوضح الأخيرة كيف تنطبق توجيهات المنظمة على قطاع محدد عن طريق اقتراح خطوات العناية الواجبة وتدابير التخفيف من المخاطر. وبعد هذه المقدمة، تتضمن هذه التوجيهات ما يلي:

- القسم 1- سياسة نموذجية للشركات تعرض محتوى المعايير القائمة من أجل سلاسل الإمدادات الزراعية المسؤولة.
- القسم 2- إطار العناية الواجبة على أساس المخاطر على طول سلاسل الإمدادات الزراعية.
- الملحق ألف – وصف للمخاطر وتدابير التخفيف منها على طول سلاسل الإمدادات الزراعية، بناء على المعايير القائمة.
- الملحق باء- توجيهات بشأن التعامل مع الشعوب الأصلية.

---

1 مع أن دستور منظمة الأغذية والزراعة للأمم المتحدة يذكر مصايد الأسماك والغابات في تعريف الزراعة، تركز هذه التوجيهات في معظمها على المحاصيل والمواشي.

2 يُقصد بالسلوك التجاري المسؤول أنه ينبغي للشركات: (أ) المساهمة بشكل إيجابي في التقدم الاقتصادي والبيئي والاجتماعي بهدف تحقيق التنمية المستدامة، (ب) وتجنب الآثار الضارة الناتجة عن أنشطتها ومعالجة هذه الآثار، والوقاية والتخفيف من الآثار الضارة المرتبطة بشكل مباشر بعملياتها أو منتجاتها أو خدماتها عن طريق علاقة تجارية.

3 تشير المعايير في هذه التوجيهات إلى التوصيات الواردة في مختلف أنواع الصكوك، بما في ذلك الاتفاقيات والإعلانات والمبادئ والخطوط التوجيهية.

4 على النحو المؤكد في التقرير بعنوان *"Beyond supply chains - Empowering responsible value chains"* [ما وراء سلاسل الإمداد – تمكين سلاسل الإمداد المسؤولة] الصادر في عام 2015 عن المنتدى الاقتصادي العالمي، يمكن لمراعاة معايير السلوك التجاري المسؤول أن تعود بالنفع على الشركات بما أن ديناميكيات السوق المتغيرة تزيد من أهمية جهود الاستدامة. وتزداد حساسية المستهلكين تجاه الاستدامة. وعلى وجه الخصوص، يطلب المستهلكون من الفئة الأصغر عمرًا منتجات وممارسات مستدامة، ويدفعون المزيد من أجل الحصول عليها. وازدياد ندرة الموارد الطبيعية وارتفاع أسعار السلع يجعلان من كفاءة الموارد والحد من الهدر متغيرين حاسمين بالنسبة إلى الشركات كي تحافظ على ربحها. وتدفع البيئة التنظيمية والمنظمات غير الحكومية نحو مزيد من الشفافية، مما يدفع إلى فرض تكاليف لعدم الامتثال ويمكن أن يحدث ردة فعل في السوق.

5 أنظر تعريف العناية الواجبة أدناه من أجل الاطلاع على تعريف "العلاقة التجارية".

6 أنظر القسم المعنون "المستخدمون المستهدفون" من أجل الاطلاع على وصف أوفى.

7 يمكن الاطلاع على مزيد من المصادر في الرابطين التاليين: http://mneguidelines.oecd.org/rbc-agriculture-supply-chains.htm و www.fao.org/economic/est/issues/investment/en.

8 أنظر القسم الفرعي المعنون "العملية" من أجل الاطلاع على مزيد من التفاصيل بشأن تكوين الفريق الاستشاري ودوره في إعداد هذه التوجيهات.

9 تتاح معلومات إضافية في الرابط التالي: http://mneguidelines.oecd.org/rbc-agriculture-supply-chains.htm.

10 مع أن المبادئ التوجيهية لا تنص على تعريف دقيق للشركات المتعددة الجنسيات، لكنها تشير إلى أن الشركات المتعددة الجنسيات تشمل عادة الشركات أو الهيئات الأخرى المنشأة في أكثر من بلد (المبادئ التوجيهية، أولًا-4). وتستهدف مبادئ الاستثمارات المسؤولة "الشركات التجارية، بما في ذلك المزارعون" (الفقرات 50-52).

11 لقد حازت اختصاصات الفريق المتعدد أصحاب المصلحة، التي تحدد أهدافه ومهامه وهيكليته التنظيمية، على تأييد فريق العمل التابع لمنظمة التعاون والتنمية في الميدان الاقتصادي المعني بالسلوك

التجاري المسؤول في يونيو/حزيران 2013، وتأييد فريق العمل التابع لمنظمة التعاون والتنمية في الميدان الاقتصادي المعني بالسياسات والأسواق الزراعية في يوليو/تموز 2013.

12   لمزيد من الأمثلة المحددة، أنظر الدراسة " Botswana agrifood value chain project: Beef value chain study" [مشروع سلاسل القيمة الغذائية الزراعية في بوتسوانا: الدراسة الخاصة بسلاسل قيمة لحم البقر] التي أجرتها منظمة الأغذية والزراعة في عام 2013، والتحليل " A farm gate-to-consumer value chain analysis of Kenya's maize marketing system" [تحليل لسلسلة القيمة من المزرعة إلى المستهلك بخصوص نظام تسويق الذرة الصفراء الكينية] الذي أجرته جامعة ولاية ميشيغان في عام 2011، والتحليل "Value chain analysis of the cashew sector in Ghana" [تحليل لسلسلة القيمة في قطاع الكاشيو في غانا] الذي أجرته الوكالة الألمانية للتعاون الدولي في عام 2010، أو التشخيص " Rwanda's essential oils value chains: A diagnostic" [تشخيص لسلاسل القيمة بشأن زيوت الأساسية في رواندا] الذي أجرته منظمة الأمم المتحدة للتنمية الصناعية في عام 2012.

13   تتضمن الزراعة التعاقدية الإنتاج الذي يتم على أساس اتفاق بين المشتري والمنتج. وتغطي مجموعة واسعة من العقود وتختلف بحسب نوع المتعاقد، ونوع المنتج، وكثافة التنسيق بين المزارعين والمستثمرين، وعدد أصحاب المصلحة المعنيين. ولمزيد من المعلومات، أنظر الرابط التالي: *www.fao.org/ag/ags/contract-farming/faq/en/#c100440*

14   لمزيد من المعلومات، أنظر التوجيهات الصادرة عن منظمة التعاون والتنمية في الميدان الاقتصادي بشأن سلاسل القيمة المسؤولة للمعادن المستخرجة من المناطق المتأثرة بالنزاعات والمناطق العالية المخاطر، 2011.

15   بناء على المبادئ التوجيهية، ثانيًا-15.

16   المبادئ التوجيهية، ثانيًا-ألف-10.

17   المبادئ التوجيهية، ثانيًا-16.

18   تتضمن هذه البرامج أمورًا منها المبادئ والمقاييس من أجل الإنتاج المستدام لزيت النخيل التي تمنح شهادات لمنتجي زيت النخيل أو من يعالجه أو يتاجر به، وكذلك المصنعين وتجار التجزئة والبنوك والمستثمرين الذين يشاركون في سلاسل إمداد زيت النخيل؛ والمعايير الصادرة عن المائدة المستديرة بشأن الوقود الأحيائي المستدام، التي تمنح شهادات لمشغلي الوقود الأحيائي؛ والمبادئ والمقاييس من أجل الإنتاج المستدام للصويا التي تمنح شهادات لمزارعي الصويا ومجموعات مزارعيه؛ ومعايير مبادرة "قصب سكر أفضل" (Bonsucro) الخاصة بمنتجي قصب السكر؛ ومبادئ الاستثمارات المسؤولة في الأراضي الزراعية من أجل مالكي ومديري أصول الشركات. ويمكن أيضًا أن تساعد منصات المراقبة، مثل منصة Sedex، على مراقبة أداء الموردين.

19   اعتمد مجلس منظمة التعاون والتنمية في الميدان الاقتصادي على المستوى الوزاري التوصية المتعلقة بتوجيهات العناية الواجبة بشأن سلاسل الإمداد المسؤولة للمعادن المستخرجة من المناطق المتأثرة بالنزاعات والمناطق العالية المخاطر في 25 مايو/أيار 2011، وعُدلت لاحقًا في 17 يوليو/تموز 2012 من أجل إدراج إشارة إلى ملحق يتعلق بالذهب.

2- سياسة نموذجية للشركات بشأن سلاسل الإمدادات الزراعية المسؤولة

توفر السياسة النموذجية للشركات المعايير الرئيسية التي ينبغي للشركات مراعاتها من أجل بناء سلاسل الإمدادات الزراعية المسؤولة. وتقوم بذلك من خلال إظهار أجزاء من محتوى المعايير الدولية ذات الصلة بشأن سلاسل الإمدادات الزراعية المسؤولة.[1] وقد أدرجت بعض من هذه المعايير بالفعل في تشريعات العديد من البلدان، على سبيل المثال المعايير المتعلقة بحقوق الإنسان وحقوق العمل وسلامة الأغذية.
ويمكن للشركات أن تعتمد السياسة النموذجية للشركات كما هي، كما ويمكنها أن تدمج وتكيّف الأجزاء ذات الصلة مع سياساتها القائمة بشأن المسؤولية الاجتماعية للشركات، أو الاستدامة، أو إدارة المخاطر، أو البدائل الأخرى المكافئة. ويشير استخدام "نحن" إلى الالتزام الذاتي للشركات. وينبغي كذلك للشركات عند إعداد سياساتها أن تتأكد من توافق السياسات مع جميع القوانين الوطنية المعمول بها وأن تراعي أي معايير دولية أخرى ذات صلة. ويشكل اعتماد سياسة لسلاسل الإمدادات الزراعية المسؤولة الخطوة الأولى لإطار العناية الواجبة على أساس المخاطر المبيّن في القسم 3 الذي يصف كيفية تنفيذ سياسة كهذه.

واعترافًا بمخاطر الآثار الضارة الكبيرة التي تنشأ على طول سلاسل الإمدادات الزراعية، واعترافًا بمسؤوليتنا عن احترام حقوق الإنسان وقدرتنا على المساهمة في تحقيق التنمية المستدامة، ولا سيما الحد من الفقر وتحقيق الأمن الغذائي والتغذية والمساواة بين الجنسين، نلتزم باعتماد السياسة التالية بشأن سلاسل الإمدادات الزراعية المسؤولة وتنفيذ هذه السياسة ونشرها على نطاق واسع وإدراجها في العقود والاتفاقات مع الشركاء التجاريين. وسنشجع، حيثما أمكن ذلك، شركاءنا التجاريين على تطبيق هذه السياسة، وإذا تسببوا أو شاركوا في حدوث آثار ضارة، فسنستخدم نفوذنا للوقاية من هذه الآثار أو التخفيف منها.

1- المعايير الشاملة للسلوك التجاري المسؤول

تقييم الأثر

سنقوم باستمرار في عملية صنع القرارات بتقييم ومعالجة الآثار الحالية والمحتملة لأنشطتنا وعملياتنا وسلعنا وخدماتنا خلال دروة حياتها الكاملة بهدف تجنب حدوث أي آثار ضارة، أو التخفيف منها عندما لا يكون تجنبها ممكنًا. وينبغي أن تشمل تقييمات الآثار عددًا تمثيليًا عن كل مجموعات أصحاب المصلحة ذات الصلة.[2]

الإفصاح عن المعلومات

سنفصح في جميع مراحل دورة الاستثمار عن معلومات دقيقة وفي الوقت المطلوب بشأن عوامل الخطر الممكن توقعها واستجابتنا للآثار الخاصة التي تطال المجتمعات المتضررة على مستوى البيئة والمجتمع وحقوق الإنسان.[3] وسنقدم أيضًا معلومات دقيقة وواضحة ويمكن التحقق منها وتكفي لتمكين المستهلكين من اتخاذ قرارات مستنيرة.[4]

المشاورات

سنعقد مع المجتمعات المحلية مشاورات فعالة وهادفة وبحسن نية من خلال الشركات التمثيلية لهذه المجتمعات قبل الشروع في أي عمليات قد تؤثر عليها، وسنواصل التشاور معها

أثناء العمليات وفي نهايتها. وسنضع في اعتبارنا المخاطر المختلفة التي قد تعترض النساء والرجال.[5]

وسنُجري مشاورات فعالة وهادفة مع الشعوب الأصلية من خلال مؤسساتها التمثيلية من أجل الحصول على موافقتها الحرة والمسبقة والمستنيرة[6] بما يتماشى مع تحقيق أهداف إعلان الأمم المتحدة بشأن الشعوب الأصلية، ومع إيلاء الاعتبار الواجب للمواقف المحددة لفرادى الدول ومفاهيمها.[7]

تقاسم المنافع

سنضمن أن تساهم عملياتنا في التنمية الريفية المستدامة والشاملة[8]، بما في ذلك، حسب الاقتضاء، من خلال تعزيز التقاسم العادل والمنصف للمنافع المالية وغير المالية مع المجتمعات المتضررة بناء على شروط متفق عليها بشكل متبادل ووفقًا للمعاهدات الدولية، عندما ينطبق ذلك على الأطراف في هذه المعاهدات، على سبيل المثال عند استخدام الموارد الوراثية للأغذية والزراعة.[9]

آليات التظلم

سنتيح، بالتشاور مع المستخدمين المحتملين، آليات تظلم على المستوى التشغيلي تتسم بالمشروعية والعدالة والشفافية ويمكن الوصول إليها والتنبؤ بها. وسنتعاون أيضًا مع آليات التظلم الأخرى غير القضائية. ويمكن لآليات التظلم هذه أن تمكن الانتصاف عندما تتسبب عملياتنا بحدوث آثار ضارة أو تشارك في حدوثها بسبب عدم الالتزام بمعايير السلوك التجاري المسؤول.[10]

المساواة بين الجنسين

سنساعد في القضاء على التمييز ضد المرأة وتعزيز مشاركتها الهادفة في عملية صنع القرارات والأدوار القيادية، وفي ضمان تطورها وتقدمها المهني، وتسهيل المعاملة العادلة في الوصول والإشراف على الموارد الطبيعية والمدخلات والأدوات الإنتاجية والخدمات الاستشارية والمالية والتدريب والأسواق والمعلومات.[11]

2- حقوق الإنسان

في إطار حقوق الإنسان المعترف بها دوليًا[12]، والالتزامات الدولية في مجال حقوق الإنسان في البلدان التي نعمل فيها، وكذلك القوانين واللوائح الوطنية ذات الصلة، سنقوم بما يلي:

- احترام حقوق الإنسان[13]، وهو ما يعني تجنب التعدي على حقوق الإنسان الخاصة بالآخرين ومعالجة الآثار الضارة التي نشارك فيها وتطال حقوق الإنسان.
- في سياق أنشطتنا، تجنب التسبب أو المساهمة في حدوث آثار ضارة على حقوق الإنسان ومعالجة هذه الآثار عند حدوثها.[14]
- البحث عن طرق للوقاية أو التخفيف من الآثار الضارة على حقوق الإنسان، التي ترتبط مباشرة بعملياتنا أو منتجاتنا أو خدماتنا من خلال علاقة تجارية، حتى وإن لم نشارك في حدوث تلك الآثار.[15]
- بذل العناية الواجبة في مجال حقوق الإنسان بما يتناسب مع حجم عملياتنا وطبيعتها وسياقها وشدة مخاطر الآثار الضارة على حقوق الإنسان.[16]
- عندما نحدد أننا تسببنا أو شاركنا في حدوث آثار ضارة على حقوق الإنسان، توفير الانتصاف في ما يخص هذه الآثار، أو المشاركة في عمليات مشروعة بشأنها.[17]

- في سياق أنشطتنا الخاصة، ضمان احترام حقوق الإنسان لجميع الأشخاص، دونما تمييز من أي نوع كان، مثل التمييز بسبب العرق أو اللون أو الجنس أو اللغة أو الدين، أو الرأي السياسي أو غيره، أو الانتماء القومي أو الاجتماعي، أو بسبب الملكية أو الميلاد أو أي ظرف آخر.[18]

3- حقوق العمل

سنحترم في عملياتنا معايير العمل الأساسية الدولية، ولا سيما حرية تكوين الجمعيات وحرية التفاوض الجماعي، بما في ذلك بشأن العمال المهاجرين، والقضاء على جميع أشكال العمل الجبري أو الإلزامي، والقضاء الفعلي على عمالة الأطفال، والقضاء على التمييز في الوظائف والمهن.[19]

وسنقوم في عملياتنا أيضًا بما يلي:

- ضمان الصحة والسلامة المهنيتين.
- ضمان ما هو لائق من أجور وفوائد وظروف عمل تكفي على الأقل من أجل تلبية الاحتياجات الرئيسية للعمال وعائلاتهم، والسعي إلى تحسين ظروف العمل.[20]
- تعزيز الأمن الوظيفي، والتعاون في مجال المخططات الحكومية الرامية إلى تقديم بعض أشكال حماية الدخل للعمال الذين انتهت فترة توظيفهم.[21]
- السعي إلى الوقاية من سوء معاملة العمال المهاجرين.[22]
- اعتماد نُهج وتدابير وعمليات تهدف إلى تعزيز المشاركة الهادفة للمرأة في عملية صنع القرارات والأدوار القيادية.[23]

وسنساهم في تحقيق الحق في العمل،[24] وذلك عن طريق ما يلي:

- السعي إلى زيادة فرص العمل، بشكل مباشر وغير مباشر.[25]
- ضمان توفير التدريب المناسب للعمال في جميع المستويات، وذلك من أجل تلبية احتياجات الشركة والاستجابة لسياسات التنمية في البلد المستضيف، بما في ذلك زيادة إنتاجية الشباب و/أو حصولهم على العمل اللائق وفرص ريادة الأعمال.[26]
- ضمان حماية الأمومة في العمل.[27]

4- الصحة والسلامة

سنعزز الصحة العامة[28] عن طريق القيام بما يلي:

- اعتماد الممارسات المناسبة من أجل الوقاية من التهديدات على حياة الإنسان وصحته ورفاهه في عملياتنا، والوقاية من التهديدات الناجمة عن استهلاك سلعنا وخدماتنا أو استخدامها أو التخلص منها، بما في ذلك عن طريق الامتثال بالممارسات الجيدة في مجال سلامة الأغذية.[29]
- المساهمة خلال دورة حياة عملياتنا في حماية صحة وسلامة المجتمعات المتضررة.[30]

5- الأمن الغذائي والتغذية

سنسعى إلى ضمان أن تساهم عملياتنا في تحقيق الأمن الغذائي والتغذية. وسنسعي إلى تعزيز توافر الأغذية الآمنة والمغذية والمتنوعة، وزيادة فرص الحصول على هذه الأغذية واستقرارها واستخدامها.[31]

6- حقوق حيازة الموارد الطبيعية والحصول عليها

سنحترم أصحاب حقوق الحيازة المشروعة[32] وحقوقهم في الموارد الطبيعية، بما في ذلك ما يحتمل أن يتأثر بأنشطتنا من حقوق عامة وخاصة ومشتركة وجماعية وعرفية وحقوق للشعوب الأصلية. وتتضمن الموارد الطبيعية الأراضي ومصايد الأسماك والغابات والمياه.

وسنلتزم إلى أقصى قدر ممكن بالشفافية والإفصاح عن المعلومات في ما يخص استثماراتنا القائمة على الأراضي، بما في ذلك شفافية المصطلحات في عقود الإيجار/التنازل، مع إيلاء الاعتبار الواجب لقيود الخصوصية.[33]

وسنعطي الأفضلية لتصميم المشاريع البديلة المجدية من أجل تجنب التهجير المادي و/أو الاقتصادي لأصحاب حقوق الحيازة المشروعة، أو التقليل إلى أقصى قدر ممكن من التهجير عندما لا يتسنى تجنبه، مع موازنة التكاليف والفوائد البيئية والاجتماعية والمالية وإيلاء اهتمام خاص للآثار الضارة على الفقراء والضعفاء.

وندرك أنه يتعين على الدول، شريطة احترام قوانين الدول وتشريعاتها الوطنية ووفقًا للسياق الوطني، ألّا تلجأ إلى المصادرة إلّا إذا كانت الحقوق المعنية مطلوبة لأغراض عامة، وينبغي لها أن تضمن التعويض الفوري والكافي والفعال.[34]

وعندما يتأثر أصحاب حقوق الحيازة المشروعة بشكل سلبي، سنسعى إلى ضمان حصولهم على تعويض فوري وكاف وفعال عن حقوقهم في الحيازة التي تتأثر سلبًا بعملياتنا.[35]

7- الرفق بالحيوان

سندعم رعاية الحيوان في عملياتنا،[36] بما في ذلك عن طريق:

- السعي إلى ضمان تنفيذ "الحريات الخمس" للرفق بالحيوان، أي التحرر من الجوع، والعطش وسوء التغذية، وانعدام الراحة الجسدية والدفء، والألم، والإصابة والمرض، والخوف والتوتر، وكذلك إعطاء الحيوان حرية التعبير عن أنماط السلوك الطبيعية.[37]
- ضمان وجود معايير عالية للإدارة وتربية الماشية في مجال الإنتاج الحيواني تكون ملائمة لنطاق عملياتنا، وفقًا لمبادئ المنظمة العالمية لصحة الحيوان أو بما يفوقها.[38]

8- حماية البيئة والاستخدام المستدام للموارد الطبيعية

سنعمل، بالتنسيق مع الوكالات الحكومية المسؤولة والأطراف الثالثة، حسب الاقتضاء، على إنشاء وصون نظام للإدارة البيئية والاجتماعية يلائم طبيعة عملياتنا وحجمها ويتناسب مع مستوى المخاطر والآثار البيئية والاجتماعية المحتملة.[39]

وسنعمل باستمرار على تحسين أدائنا البيئي عن طريق:

- الوقاية من التلوث والآثار الضارة على الهواء والأرض والتربة والمياه والغابات والتنوّع البيولوجي وتقليلها إلى الحد الأدنى وإتاحة الانتصاف بشأنها، والحد من انبعاثات غازات الدفيئة.
- تجنب توليد المخلفات الخطيرة وغير الخطيرة أو الحد منها، والاستعاضة عن استخدام المواد السامة أو الحد من استخدامها،[40] وتعزيز الاستخدام المنتج أو ضمان التخلص الآمن من المخلفات.
- ضمان الاستخدام المستدام للموارد الطبيعية وزيادة الكفاءة على مستوى الطاقة واستخدام الموارد.[41]
- خفض الفاقد والمهدر من الأغذية وتعزيز إعادة التدوير.

- تعزيز الممارسات الزراعية الجيدة، بما في ذلك من أجل الحفاظ على خصوبة التربة وتحسينها وتجنب انجراف التربة.
- دعم وحفظ التنوع البيولوجي والموارد الوراثية وخدمات النظم الإيكولوجية، واحترام المناطق المحمية[42] والمناطق التي ينطوي حفظها على قيمة عالية والأنواع المهددة بالانقراض، ومراقبة انتشار الأنواع الغازية غير المحلية والتقليل من انتشارها.
- زيادة القدرة على الصمود أمام آثار تغير المناخ عن طريق تدابير التكيف في الزراعة والنظم الغذائية والموائل الداعمة وسبل العيش ذات الصلة.[43]

9- الحوكمة

سنمنع ونمتنع عن أي شكل من أشكال الفساد وممارسات الاحتيال.[44]

وسنمتثل لنص وروح القوانين واللوائح الخاصة بالضرائب في البلدان التي نعمل فيها.[45]

وسنمتنع عن الدخول في الاتفاقات لمنافسة وتنفيذ هذه الاتفاقات بين المتنافسين، وسنتعاون مع السلطات المنوط بها التحقيق في حالات المنافسة.[46]

وسنتصرف بالتماشي مع المبادئ الواردة في توصية مجلس منظمة التعاون والتنمية في الميدان الاقتصادي بشأن مبادئ الحوكمة المؤسسية، بقدر ما تنطبق هذه المبادئ على الشركات.[47]

10- التكنولوجيا والابتكار

سنساهم في تطوير التكنولوجيات المناسبة ونشرها، ولا سيما تلك المراعية للبيئة والتي تولد فرص العمل المباشرة وغير المباشرة.[48]

---

1 لا تهدف السياسة النموذجية للشركات إلى الاستعاضة عن المعايير القائمة. وينبغي للشركات أن ترجع مباشرة إلى كل معيار من هذه المعايير قبل تقديم أي ادعاءات بشأن المراعاة التي تقوم بها. وترد الإحالات إلى المعايير المقتبسة في هذه الوثيقة بعد آخر عنصر مذكور، وليس قبل كل عنصر من العناصر المقتبسة. وتهدف إلى مساعدة الشركات على الإشارة إلى النص الأولي للمعايير التي تتناولها هذه التوجيهات من أجل مزيد من التفاصيل بشأن محتوى هذه المعايير.

2 المبادئ التوجيهية، ثانيًا-10 وسادسًا-3؛ ومبادئ الاستثمارات المسؤولة، المبدأ 10؛ والخطوط التوجيهية الطوعية،
الفقرة 12-10؛ والمبادئ التوجيهية للأمم المتحدة، الفقرة 17؛ واتفاقية التنوع البيولوجي، المادة 14؛ وخطوط أكويه: كون التوجيهية؛ ومعايير مؤسسة التمويل الدولية للأداء، المعيار 1، الفقرة 5 والفقرات 8-10.

3 المبادئ التوجيهية، ثالثًا 1-3، وسادسًا 2-أ، وثامنًا-2؛ مبادئ الاستثمارات المسؤولة، المبدأ 9"2" و"10"؛ والمبادئ التوجيهية للأمم المتحدة، الفقرة 21؛ ومعايير مؤسسة التمويل الدولية للأداء، المعيار 1، الفقرة 29؛ واتفاقية آرهوس، المادة 5. وانظر الملحق ألف بهذه الوثيقة، القسمان 1-1 و1-3 أدناه. ويمكن الاطلاع على توجيهات محددة بشأن المعلومات المادية التي يتعين مشاركتها مع أصحاب المصلحة المتضررين في توجيهات العناية الواجبة الصادرة عن منظمة التعاون والتنمية في الميدان الاقتصادي بشأن المشاركة البناءة لأصحاب المصلحة في قطاع استخراج الموارد الطبيعية.

4 المبادئ التوجيهية، ثامنًا-2.

5 المبادئ التوجيهية، ثانيًا-14 وسادسًا-2-ب؛ مبادئ الاستثمارات المسؤولة، المبدأ 9"3" و"4"؛ والخطوط التوجيهية الطوعية، الفقرتان 9-9 و12-11؛ والمبادئ التوجيهية للأمم المتحدة، الفقرة 18؛ ومبادئ الاستثمارات الزراعية المسؤولة، المبدآن 1 و4؛ وخطوط أكويه: كون التوجيهية، الفقرات 11 و13-17 و57؛ ومعايير مؤسسة التمويل الدولية للأداء، المعيار 1، الفقرتان 26 و27 والفقرات 30-33. وانظر أيضًا اتفاقية منظمة العمل الدولية رقم 169 بشأن الشعوب الأصلية والقبلية، 1989. وانظر الملحق ألف، القسم 1-2 أدناه. ويمكن الاطلاع على مزيد من التوجيهات بشأن مشاركة أصحاب المصلحة في

توجيهات العناية الواجبة الصادرة عن منظمة التعاون والتنمية في الميدان الاقتصادي بشأن المشاركة البناءة لأصحاب المصلحة في قطاع استخراج الموارد الطبيعية.

6 أنظر الملحق باء من أجل الاطلاع على مزيد من التوجيهات بشأن التعامل مع الشعوب الأصلية والموافقة الحرة والمسبقة والمستنيرة.

7 على النحو الوارد في المقدمة، تنظر هذه التوجيهات بوصفها جهدًا مشتركًا لمنظمة التعاون والتنمية في الميدان الاقتصادي ومنظمة الأغذية والزراعة في عدة معايير غير الخطوط التوجيهية، ولا سيما مبادئ الاستثمارات المسؤولة التي تتضمن إشارات إلى الموافقة الحرة والمسبقة والمستنيرة غير المذكورة في الخطوط التوجيهية. وتقتبس هذه الفقرة المبدأ 9"4" من مبادئ الاستثمارات المسؤولة في الزراعة والنظم الغذائية. وانظر أيضًا معايير مؤسسة التمويل الدولية للأداء، المعيار 7، الفقرات 12-17؛ وخطوط أكويه: كون التوجيهية، الفقرتان 29 و60؛ والخطوط التوجيهية الطوعية، الفقرات 3باء-6 و9-9 و12-7؛ وإعلان الأمم المتحدة بشأن حقوق الشعوب الأصلية، المواد 10 و11 و32؛ واتفاقية منظمة العمل الدولية رقم 169 بشأن الشعوب الأصلية والقبلية، المادة 16.

8 المبادئ التوجيهية، ثانيًا-ألف-1؛ ومبادئ الاستثمارات المسؤولة، المبدأ 2 "4" و"5" و"6"؛ والخطوط التوجيهية الطوعية، الفقرة 12-4؛ وخطوط أكويه: كون التوجيهية، الفقرة 40.

9 مبادئ الاستثمارات المسؤولة، المبدأ 2 "4"-"6"، والمبدأ 7 "1" و"3"؛ والخطوط التوجيهية الطوعية، الفقرة 12-6؛ ومبادئ الاستثمارات الزراعية المسؤولة، المبدآن 5 و6؛ وخطوط أكويه: كون التوجيهية، الفقرة 46؛ ومعايير مؤسسة التمويل الدولية للأداء، المعيار 7، الفقرات 14 و17-20، والمعيار 8، الفقرة 16. وانظر أيضًا اتفاقية التنوع البيولوجي المادة 8(ي)، وبروتوكول ناغويا، المواد 5-7، والمعاهدة الدولية بشأن الموارد الوراثية النباتية، المادة 9-2. ويمكن للفوائد أن تكون مالية وغير مالية: انظر ملحق بروتوكول ناغويا. وانظر أيضًا الملحق ألف، القسم 1-4 من أجل الاطلاع على مزيد من التفاصيل.

10 المبادئ التوجيهية، رابعًا، الفقرة 46، وثامنًا-3؛ ومبادئ الاستثمارات المسؤولة، المبدأ 9"5"؛ والخطوط التوجيهية الطوعية، الفقرات 3-2 و12-14 و25-1 و25-3؛ والمبادئ التوجيهية للأمم المتحدة، الفقرة 31؛ ومبادئ الاستثمارات الزراعية المسؤولة، المبدأ 1؛ وخطوط أكويه: كون التوجيهية، الفقرة 63؛ وإعلان منظمة العمل الدولية بشأن الشركات المتعددة الجنسيات، الفقرتان 58 و59؛ ومعايير مؤسسة التمويل الدولية للأداء، المعيار 1، الفقرة 35، والمعيار 5، الفقرة 11؛ وانظر أيضًا الملحق ألف، القسم 1-5. وترد توجيهات أوفى بشأن آليات التظلم في توجيهات العناية الواجبة الصادرة عن منظمة التعاون والتنمية في الميدان الاقتصادي بشأن المشاركة البناءة لأصحاب المصلحة في قطاع استخراج الموارد الطبيعية.

11 مبادئ الاستثمارات المسؤولة، المبدأ 3؛ واتفاقية القضاء على جميع أشكال التمييز ضد المرأة.

12 للاطلاع على مزيد من التفاصيل بشأن حقوق الإنسان المتعرف بها دوليًا، يمكن الرجوع إلى المبادئ التوجيهية، سادسًا-39.

13 المبادئ التوجيهية، ثانيًا-ألف-2، واربعًا؛ ومبادئ الاستثمارات المسؤولة، المبدأ 1، والمبدأ 9 "4"، والمبدأ 10، والفقرات 3 و19"1" و47"5" و50 و51؛ والمبادئ التوجيهية للأمم المتحدة، الفقرة 11. وانظر الملحق ألف، القسم 2.

14 المبادئ التوجيهية، رابعًا-1 و2.

15 المبادئ التوجيهية، رابعًا-3؛ والخطوط التوجيهية الطوعية، الفقرة 3-2؛ ومبادئ الاستثمارات الزراعية المسؤولة، المبدأ 1؛ وخطوط أكويه: كون التوجيهية، الفقرة 57؛ والاتفاق العالمي للأمم المتحدة، المبدآن 1و2.

16 المبادئ التوجيهية، رابعًا-5؛ والمبادئ التوجيهية للأمم المتحدة، المبدأ 17.

17 المبادئ التوجيهية، رابعًا-6؛ والمبادئ التوجيهية للأمم المتحدة، المبدأ 22.

18 الإعلان العالمي لحقوق الإنسان، المادة 2؛ ومبادئ الاستثمارات المسؤولة، المبدأ 3 "2". وعلى النحو المشار إليه في الملحق ألف، تنص المبادئ التوجيهية (خامسًا-1-ه) على أنه ينبغي للشركات "أن تسترشد في أنشطتها بمبدأ تكافؤ الفرص والمساواة في المعاملة أثناء العمل، وعدم ممارسة التمييز تجاه عمالها من حيث العمل أو المهنة لأسباب مثل العرق أو اللون أو الجنس أو الدين أو الرأي السياسي أو الانتماء القومي أو الاجتماعي أو أي ظرف آخر". ويحدد التعليق 54 أن مصطلح "أي ظرف آخر"، يشير لأغراض المبادئ التوجيهية إلى النشاط النقابي والصفات الشخصية مثل السن والعجز والحمل والحالة الأسرية والميل الجنسي والإصابة بفيروس المناعة البشرية.

19 المبادئ التوجيهية، خامسًا 1-3؛ ومبادئ الاستثمارات المسؤولة، المبدأ 2 "1" و"2"؛ وإعلان منظمة العمل الدولية بشأن الشركات المتعددة الجنسيات، الفقرة 8؛ والمبادئ التوجيهية للأمم المتحدة، الفقرة 12؛ ومعايير مؤسسة التمويل الدولية للأداء، المعيار 2؛ ومبادئ حقوق الطفل والأعمال التجارية، المبدأ 2. ويتعين على جميع الأعضاء في منظمة العمل الدولية احترام معايير العمل الرئيسية هذه التي تنص على المبادئ الأساسية الأربعة الواردة في إعلان منظمة العمل الدولية بشأن المبادئ الأساسية والحقوق في العمل، بغض النظر عن أي اتفاقية قد صادق عليها الأعضاء من بين اتفاقيات منظمة العمل الدولية.

20 المبادئ التوجيهية، خامسًا-4-ب وخامسًا-4-ج؛ ومبادئ الاستثمارات المسؤولة، المبدأ 2 "3"؛ وإعلان منظمة العمل الدولية بشأن الشركات المتعددة الجنسيات، الفقرات 37-40؛ ومعايير مؤسسة التمويل الدولية للأداء، المعيار 2، الفقرات 10 و23 و25 و28 و29؛ ومبادئ حقوق الأطفال والأعمال التجارية، المبدآن 3 و4.

21 إعلان منظمة العمل الدولية بشأن الشركات المتعددة الجنسيات، الفقرات 16 و25-28. ولمزيد من التفاصيل، انظر الملحق ألف، القسم 3 بشأن ظروف العمل اللائقة.

22 توصية منظمة العمل الدولية رقم 198، المادة 7-أ؛ ومعايير الأداء الصادرة عن مؤسسة العمل الدولية، المعيار 2، الفقرة 11.

23 مبادئ الاستثمارات المسؤولة، المبدأ 3 "4".

24 الإعلان العالمي لحقوق الإنسان، المادة 23.

25 المبادئ التوجيهية، ثانيًا-ألف-4؛ وإعلان منظمة العمل الدولية بشأن الشركات المتعددة الجنسيات، الفقرتان 16 و19؛ ومبادئ الاستثمارات المسؤولة، المبدأ 2 "3".

26 مبادئ الاستثمارات المسؤولة في الزراعة والنظم الغذائية، المبدآن 2 "3" و4 "2"؛ وإعلان منظمة العمل الدولية بشأن الشركات المتعددة الجنسيات، الفقرات 30-32.

27 اتفاقية منظمة العمل الدولية بشأن حماية الأمومة، 2000 (رقم 183)؛ واتفاقية القضاء على جميع أشكال التمييز ضد المرأة، المادة 11 (2).

28 مبادئ الاستثمارات المسؤولة، المبدأ 8 "4".

29 المبادئ التوجيهية، ثامنًا-1 و6 -7؛ ومبادئ الاستثمارات المسؤولة، المبدأ 2 "8" و8 "1" و"3" و"4"، ومبادئ الاستثمارات الزراعية المسؤولة 5-2-1.

30 خطوط أكويه: كون التوجيهية، الفقرة 50؛ ومعايير مؤسسة التمويل الدولية للأداء، المعيار 4.

31 مبادئ الاستثمارات المسؤولة، المبدآن 1 و8 "1"؛ الخطوط التوجيهية الطوعية، الفقرات 12-1 و12-4 و12-12؛ ومبادئ الاستثمارات الزراعية المسؤولة، المبدأ 2-2. وانظر الملحق ألف، القسم 5. ويرد ذكر العناصر الأربعة للأمن الغذائي، أي توافر الأغذية والحصول عليها وثباتها واستخدامها، في خطة عمل مؤتمر القمة العالمي للأغذية لعام 1996 التي اعتمدها 112 رئيسًا أو نائبًا لرئيس دولة وحكومة، الذين يلتزمون *"بتنفيذ السياسات الهادفة إلى القضاء على الفقر وعدم المساواة وتحسين النفاذ المادي والاقتصادي لدى الجميع، في جميع الأوقات، إلى الأغذية الكافية والأغذية المناسبة والآمنة من الناحية التغذوية، واستخدامها بشكل فعال؛ والسعي إلى اعتماد سياسات وممارسات مستدامة وتشاركية من أجل تحقيق التنمية الغذائية والزراعية والسمكية والحرجية والريفية في المناطق عالية ومنخفضة القدرة الأساسية بالنسبة إلى موارد الأغذية الكافية والموثوقة، وذلك على المستويات الأسرية والوطنية والإقليمية والعالمية"*.

32 تعرّف الخطوط التوجيهية الطوعية في الفقرة 4-4 حقوق الحيازة المشروعة على النحو التالي: *"اتساقًا مع مبادئ التشاور والمشاركة في هذه الخطوط التوجيهية، ينبغي أن تحدّد الدول عبر قواعد منشورة على نطاق واسع فئات الحقوق التي تُعتبر حقوقًا مشروعة"*.

33 الخطوط التوجيهية الطوعية، الفقرات 2-4 و3-2 و9-1 و11-4 و12-3؛ مبادئ الاستثمارات المسؤولة، المبادئ 5 و9 "2" والفقرة 51؛ ومبادئ الأمم المتحدة للتعاقد المسؤول المرفقة بالمبادئ التوجيهية للأمم المتحدة وأيدها مجلس الأمم المتحدة لحقوق الإنسان، المبدأ 10.

34 الخطوط التوجيهية الطوعية، الفقرات 9-1 و16-1 و16-3؛ ومعايير مؤسسة التمويل الدولية للأداء، المعيار 5، الفقرتان 2 و8، والمعيار 7، الفقرة 15؛ ومبادئ حقوق الأطفال والأعمال التجارية، المبدأ 7. وتعد عبارة "التعويض السريع والكافي والفعال" قانونًا دوليًا عرفيًا بشأن نوع التعويض المستحق من أجل تنفيذ مصادرة مشروعة. وانظر الملحق ألف، القسم 6. ويُرجى ملاحظة أن المعايير المذكورة في

هذه التوجيهات تتماشى مع الالتزامات بعدم التسامح مطلقًا في ما يخص حالات تهجير أيٍ من أصحاب حقوق الحيازة المشروعة من الأراضي التي أخذتها مؤخرًا شركات كبيرة للأغذية والمشروبات.

35 الخطوط التوجيهية الطوعية، الفقرتان 16-1 و16-3؛ ومبادئ الاستثمارات الزراعية المسؤولة 6-2-1؛ ومعايير مؤسسة التمويل الدولية للأداء، المعيار 5، الفقرات 9-10 و12 و19 و27-28، والمعيار 7، الفقرتان 9 و14. ووفقًا لمعايير مؤسسة التمويل الدولية للأداء، المعيار 7، الفقرة 14، ينبغي توفير التعويض القائم على الأرض عوضًا عن التعويض النقدي عند الإمكان، وينبغي ضمان الوصول المستمر إلى الموارد الطبيعية أو تحديد الموارد المساوية البديلة. وكخيار أخير، ينبغي تقديم التعويض النقدي وتحديد أساليب العيش البديلة.

36 مبادئ الاستثمارات المسؤولة في الزراعة والنظم الغذائية، المبدأ 8 "2". وانظر الملحق ألف، القسم 7.

37 المبادئ الأساسية التي أعدتها المنظمة العالمي لصحة الحيوان. ولمزيد من المعلومات، انظر الحريات الخمس لمجلس رعاية حيوانات المزارع في الرابط التالي: *www.fawc.org.uk/freedoms.htm*.

38 التشريعات الإنكليزية لعام 2000 (الصك التشريعي لعام 2000، رقم 1870)، والتشريع 3 "1" بشأن رعاية حيوانات المزارع.

39 المبادئ التوجيهية، سادسًا-1؛ ومبادئ الاستثمارات المسؤولة، المبدأ 10؛ والخطوط التوجيهية الطوعية، الفقرات 4-3 و11-2 و12-6 و12-10؛ ومبادئ الاستثمارات الزراعية المسؤولة، المبدأ 7؛ ومعايير مؤسسة التمويل الدولية للأداء، المعيار 1-1.

40 يمكن الاطلاع على قائمة بالمواد السامة في قائمة المواد الكيميائية الزراعية الخطيرة التي وضعتها منظمة الصحة العالمية؛ وقد أوصت منظمة الصحة العالمية بتصنيف المبيدات بحسب فئتي الخطورة التاليتين: الفئة 1(أ) (فائق الخطورة) أو الفئة 1(ب) (شديد الخطورة)؛ واتفاقية إستكهولم المتعلقة بالملوثات العضوية الثابتة لعام 2004؛ واتفاقية روتردام بشأن تطبيق إجراء الموافقة المسبقة عن علم على مواد كيماوية ومبيدات آفات معينة خطرة متداولة في التجارة الدولية لعام 2004؛ واتفاقية بازل بشأن التحكم في نقل النفايات الخطرة والتخلص منها عبر الحدود لعام 1992؛ وبروتوكول مونتريال المتعلق بالمواد المستنفدة لطبقة الأوزون لعام 1999؛ وقائمة "استعض عنها الآن" الخاصة بالمبيدات.

41 مع أن معظم الصكوك التي تم المصادقة عليها عن طريق عملية حكومية دولية تشير إلى "كفاءة استخدام الموارد"، لكن الفقرة 9 الخاصة باستهلاك المياه من المعيار 3 من معايير مؤسسة التمويل الدولية للأداء تتعمق أكثر من ذلك لتطلب من الشركة أن "تعتمد تدابير تتجنب استخدام المياه أو تحد منه".

42 تحدد الفقرة 20 من المعيار 6 من معايير مؤسسة التمويل الدولية للأداء المناطق المحمية قانونًا بأنها منطقة تستوفي تعريف *الاتحاد الدولي لحفظ البيئة*، وهو "مساحة جغرافية محددة بوضوح ومعترف بها ومخصصة ومُدارة موجب إجراءات قانونية أو غيرها من الطرق الفعّالة، من أجل حفظ الطبيعة وما يرتبط بها من خدمات النظام الإيكولوجي والقيم الثقافية على المدى الطويل". ويتضمن ذلك مناطق تقترحها الحكومات من أجل هذا التعيين.

43 المبادئ التوجيهية، سادسًا-6؛ ومبادئ الاستثمارات المسؤولة، المبدآن 1 "1" و6؛ ومبادئ الاستثمارات الزراعية المسؤولة، المبدأ 7؛ ومعايير مؤسسة التمويل الدولية للأداء، المعياران 3 و6؛ واتفاقية التنوع البيولوجي؛ واتفاقية التجارة الدولية بأنواع الحيوانات والنباتات البرية المهددة بالانقراض لعام 1975. وانظر أيضًا الملحق ألف، القسم 8.

44 المبادئ التوجيهية، ثانيًا-ألف-5 و7، وثانيًا-ألف-15، وسابعًا؛ ومبادئ الاستثمارات المسؤولة، المبدأ 9 "1"؛ والخطوط التوجيهية الطوعية، الفقرات 6-9 و9-12 و16-6؛ والاتفاق العالمي للأمم المتحدة، المبدأ 10. وانظر الملحق ألف، القسم 9-1. وإضافة إلى ذلك، فإن المعايير الدولية بشأن مكافحة غسل الأموال وتمويل الإرهاب والانتشار، التي وضعتها فرقة العمل المعنية بالإجراءات المالية، وصادق عليها 180 بلدًا في عام 2003، هي مهمة بالنسبة إلى الشركات المالية. والتدابير الوقائية مفيدة على وجه الخصوص من أجل مكافحة الفساد، بما في ذلك بذل العناية الواجبة تجاه المستهلك والاحتفاظ بالسجلات.

45 المبادئ التوجيهية، حادي عشر 1 و2. وانظر الملحق ألف، القسم 9-2.

46 المبادئ التوجيهية، عاشرًا 2 و3. وانظر الملحق ألف، القسم 9-3.

47 مبادئ مجموعة العشرين/منظمة التعاون والتنمية الاقتصادية للحوكمة الشركة هي المقياس الدولي للحوكمة المؤسسية في ما يخص واضعي السياسات والمستثمرين والشركات وأصحاب المصلحة الآخرين على المستوى العالمي. وقد جرى اعتمادها كإحدى المعايير الأساسية لمجلس تحقيق الاستقرار

المالي من أجل النظم المالية السليمة، واستخدمها فريق البنك الدولي في أكثر من 60 استعراضًا قطريًا حول العالم. وتمثل المبادئ أساسًا للخطوط التوجيهية بشأن الحوكمة المؤسسية للبنوك، التي وضعتها لجنة بازل المعنية بالإشراف على المصارف. *www.oecd.org/corporate/principles-corporate-governance.htm*.

[48] المبادئ التوجيهية، عاشرًا؛ مبادئ الاستثمارات المسؤولة، المبدأ 7 "4"؛ وإعلان منظمة العمل الدولية بشأن الشركات المتعددة الجنسيات، الفقرة 19؛ اتفاقية التنوع البيولوجي، المادة 16؛ والميثاق العالمي للأمم المتحدة، المبدأ 9.

3- إطار المراحل الخمس للعناية الواجبة على أساس المخاطر على طول سلاسل الإمدادات الزراعية

ينبغي للشركات تنفيذ إطار المراحل الخمس للعناية الواجبة على أساس المخاطر على طول سلاسل الإمدادات الزراعية، وهو: (1) إنشاء نظم إدارية قوية في الشركات من أجل سلاسل الإمداد المسؤولة؛ (2) وتحديد المخاطر الموجودة في سلسلة الإمداد وتقييمها وترتيبها بحسب الأولوية؛ (3) وإعداد وتنفيذ استراتيجية من أجل الاستجابة للمخاطر المحددة في سلسلة الإمداد؛ (4) والتحقق من العناية الواجبة في سلسلة الإمداد؛ (5) ورفع تقرير بشأن العناية الواجبة في سلسلة الإمداد. وتتضمن الخطوة الأولى اعتماد سياسة للشركات بشأن السلوك التجاري المسؤول يمكن أن تسترشد بالسياسة النموذجية للشركات الواردة في القسم 2 من التوجيهات. ومع أنه ينبغي لجميع الشركات أن تبذل العناية الواجبة، من الضروري تكييف تنفيذ إطار الخطوات الخمس هذا وفقًا لموقف الشركة ونوع مشاركتها في سلسلة الإمداد، وسياق عملياتها وموقعه، وحجم الشركة وقدراتها. ويميّز هذا القسم في كل خطوة وإلى أقصى قدر ممكن مسؤوليات الشركات بأنواعها المختلفة (الشركات الزراعية والمالية وما بعد الإنتاج).

الخطوة 1- إنشاء نظم إدارية قوية في الشركات من أجل سلاسل الإمداد المسؤولة

1-1 اعتماد سياسة للشركات بشأن السلوك التجاري المسؤول على طول سلسلة الإمداد (ويُشار إليها في ما يلي باسم "سياسة الشركات بشأن السلوك التجاري المسؤول")، أو إدراج هذه السياسة في العمليات الحالية

ينبغي أن تتضمن هذه السياسة المعايير التي يتعين بذل العناية الواجبة بناء عليها، وذلك بالاستناد إلى المعايير الدولية والسياسة النموذجية للشركات المذكورة أعلاه. ويمكن أن تتكون من سياسة واحدة أو عدة سياسات قائمة بحد ذاتها (على سبيل المثال سياسة الشركات بشأن حقوق الإنسان)، ويمكن أن تشمل الالتزام بالامتثال للمعايير الحالية الخاصة بقطاع محدد، مثل خطط إصدار الشهادات.[1] وفي حال وجود سياسات طويلة الأمد، يمكن تحديد الفجوات عن طريق إجراء تحليل لها يقارن هذه السياسات بالسياسة النموذجية للشركات الواردة في القسم 2، ويمكن تحديث السياسات الحالية تبعًا لذلك.

وينبغي لسياسة الشركات بشأن السلوك التجاري المسؤول أن تقوم بما يلي:

- الحصول على الموافقة على أرفع مستوى في الشركة. وينبغي من أجل تنفيذها إسناد مسؤوليات على أرفع المستويات.
- الاسترشاد بالخبرة الداخلية والخارجية المناسبة، وعند الاقتضاء، بالمشاورات مع أصحاب المصلحة.
- ذكر ما تتوقعه الشركة، في ما يتعلق بالسلوك التجاري المسؤول، من موظفيها وشركائها التجاريين والأطراف الأخرى المرتبطة ارتباطًا مباشرًا بعملياتها أو منتجاتها أو خدماتها.
- إتاحة السياسية للعموم وتعميمها على جميع الموظفين والشركاء التجاريين والأطراف الأخرى ذات الصلة.
- تجسيد السياسة في السياسات والإجراءات التشغيلية اللازمة من أجل إرسائها في الشركة.[2]

- استعراض السياسة وتكييفها على أساس منتظم في ضوء زيادة المعرفة بالمخاطر الموجودة في سلسلة الإمداد والمعايير الدولية.

ومع أن بعض مخاطر الآثار الضارة لا تنشأ إلّا في مراحل محددة من سلسلة الإمداد، مثل مرحلتي الإنتاج والمعالجة في ما يخص حيازة الأراضي والرفق بالحيوان، ينبغي أن تشمل سياسة الشركات بشأن السلوك التجاري المسؤول المخاطر الناشئة على طول سلسلة الإمداد برمتها.

2-1 هيكلة الإدارة الداخلية من أجل دعم العناية الواجبة في سلسلة الإمداد

ينبغي للإدارة العليا أن تشارك بوضوح وفعالية في تنفيذ سياسة الشركات بشأن السلوك التجاري المسؤول، وضمان الامتثال لهذه السياسة. وينبغي تدريب الموظفين والشركاء التجاريين وتحفيزهم كي يمتثلوا للسياسة. وينبغي تعيين فرد لديه مهارات فنية وثقافية ملائمة ليكون مسؤولًا عن العناية الواجبة، مع وجود فريق الدعم اللازم. وينبغي إتاحة الموارد المالية الكافية ووضع هيكلية إبلاغ داخلية والحفاظ عليها وتعميمها داخل الشركة في المراحل الرئيسية. وينبغي أن تكون ممارسات السلوك التجاري المسؤول متسقة في شتى عمليات الشركة. وينبغي أن تكون هذه التدابير مصممة وفقًا لغرض الشركة ونشاطها ومنتجاتها وحجمها، مع مراعاة قدراتها المالية.

3-1 إنشاء نظام للمراقبة والشفافية على طول سلسلة الإمداد

إن مراقبة تنفيذ سياسة الشركات بشأن السلوك التجاري المسؤول أمر بالغ الأهمية بالنسبة إلى مصداقية السياسة وفعاليتها والعلاقات الجيدة مع أصحاب المصلحة، بما في ذلك الحكومات. ويتضمن ذلك ما يلي:

- إتخاذ إجراءات تحقق داخلية لإجراء عمليات مراجعة منتظمة مستقلة وشفافة في ما يخص الامتثال للسياسة. ويمكن أن تتكون مثل هذه الإجراءات من نظام تتبع[3] يتضمن إنشاء توثيق داخلي لعمليات العناية الواجبة، والنتائج والقرارات الناتجة عنها، والإبقاء على وثائق الجرد والمعاملات الداخلية التي يمكن استخدامها بأثر رجعي من أجل تحديد الجهات الفاعلة في سلسلة الإمداد، ودفع مبالغ واستلامها من خلال الخدمات المصرفية الرسمية، والتأكد من أن جميع المشتريات النقدية التي لا يمكن تجنبها مدعومة بوثائق يمكن التحقق منها، والحفاظ على المعلومات المجمّعة على مدى سنوات عدة. وينبغي لمؤسسات ما قبل الإنتاج أن ترسي قابلية لتتبع التوازن الكلي أو الفصل المادي،[4] على سبيل المثال من خلال سلسلة المسؤولية، وأما مؤسسات ما بعد الإنتاج فينبغي لها أن تحدد موردي المنبع لديها والبلدان الموردة لموردي المنبع الفرعيين. ويمكن لمعلومات العناية الواجبة المنقولة من مؤسسات ما قبل الإنتاج إلى مؤسسات ما بعد الإنتاج أن تزيد الشفافية وتسهل قابلية التتبع.
- إرساء علاقات تجارية دائمة نظرًا إلى أنها الوسيلة الأفضل لتدفق المعلومات بشكل مستمر. ويمكن لقنوات التواصل مع أصحاب المصلحة المتعددين أن تحذر من حالات الانحراف المحتملة عن السياسة والمعايير ذات الصلة. وما يمكن أن يساعد على تقييم الامتثال هو تنفيذ ومتابعة عمليات مراجعة وتقييم الآثار البيئية والاجتماعية والمتعلقة بحقوق الإنسان،[5] ولكن ينبغي ألّا يُستعاض بذلك عن تدفق المعلومات.

4-1 تعزيز العمل مع الشركاء في الأعمال التجارية

ينبغي أن تُدمج في العقود والاتفاقات مع الشركاء في الأعمال التجارية سياسة للسلوك التجاري المسؤول تسترشد بسياسة الشركات بشأن سلوك التجاري المسؤول. وينبغي أن تكون مصممة بحسب قدراتهم. ويمكن للعلاقات الطويلة الأمد مع الشركاء التجاريين أن تزيد النفوذ من أجل تشجيع اعتماد هذه السياسة وتحسين الشفافية. ويمكن لخطط التنفيذ التي تُوضع

بالتنسيق مع الشركاء في الأعمال التجارية وأن تشرك الحكومات المحلية والمركزية والمنظمات الدولية ومنظمات المجتمع المدني وأن تحسن أيضًا من الامتثال، ولا سيما من خلال إتاحة تدريبات بشأن بناء القدرات. وعلى سبيل المثال، يمكن للشركات بناء قدرات صغار المزارعين الذين قد يواجهون صعوبات في استيفاء المتطلبات الصارمة التي قد تكون مكلفة.

5-1 إنشاء آلية تظلم على المستوى التشغيلي بالتشاور والتعاون مع أصحاب المصلحة ذوي الصلة

يمكن أن تساعد آلية التظلم[6] في تنبيه الشركات لحالات الانحراف عن المعايير ذات الصلة ومساعدتها على تحديد المخاطر، بما في ذلك من خلال إتاحة تحسين التواصل مع أصحاب المصلحة ذوي الصلة. ويمكن تأسيسها على مستوى مشروع أو شركة أو صناعة ما. وينبغي استخدامها كنظام إنذار مبكر للتوعية بالمخاطر وكآلية لمنع نشوب النزاعات وإصلاح ما تضرر. وعلى سبيل المثال، يمكن لآليات التظلم التي أنشأتها أنظمة العلاقات الصناعية القائمة واتفاقات المفاوضة الجماعية أن تشكل آليات فعالة وذات مصداقية من أجل احترام حقوق العمل.

وينبغي أن تتسم آليات التظلم بسهولة الوصول إليها من قبل العمال وجميع المتضررين الفعليين أو المحتملين من الآثار الضارة الناجمة عن عدم التزام الشركة بمعايير السلوك التجاري المسؤول. وينبغي للشركات تعميم وجود الآليات وطرق الوصول إليها وتشجيع استخدامها بنشاط وضمان بقاء مستخدميها مجهولين وعدم تعرضهم للانتقام، والتحقق بانتظام من فعاليتها. كما ينبغي أن تحتفظ الشركات بسجل عام للشكاوى الواردة وأن تدمج الدروس المستفادة من خلال آليات التظلم في سياسة الشركات بشأن السلوك التجاري المسؤول، والعلاقات مع الشركاء التجاريين، ونظم المراقبة.

وينبغي أن تكمّل آليات التظلم الآليات القضائية والآليات الأخرى غير القضائية، مثل جهات الاتصال الوطنية، التي ينبغي أن تشارك فيها الشركات أيضًا.

الخطوة 2– تحديد المخاطر الموجودة في سلسلة الإمداد وتقييمها وترتيبها بحسب الأولوية

1-2 رسم خريطة لسلسلة الإمداد

يتطلب الأمر تحديد مختلف الجهات الفاعلة المعنية، بما في ذلك، عند الاقتضاء، أسماء الموردين والشركاء التجاريين المباشرين ومواقع العمليات. وعلى سبيل المثال، يمكن طلب التفاصيل التالية من الشركات الزراعية: اسم وحدة الإنتاج، والعنوان وتحديد الموقع، وتفاصيل الاتصال بمدير الموقع، وفئة الإنتاج وكميته وتاريخه وطرقه، وعدد العاملين بحسب نوع الجنس، وقائمة ممارسات إدارة المخاطر، وطرق النقل، وعمليات تقييم المخاطر التي تم إجراؤها.

وقد لا تتمكن الشركات من تحديد جميع مورديها وشركائها في الأعمال التجارية في مرحلة أولى، وبخاصة الشركات المالية والشركات التي تتعامل مع المستهلكين، إذ يفصل بينها وبين الإنتاج الزراعي طبقات عدة. ومع ذلك، ينبغي لها أن تعمل بشكل منهجي نحو تحقيق صورة كاملة لعلاقاتها التجارية. ويتوقف قدر المعلومات المجمّعة بشأن الشركاء التجاريين على شدة المخاطر ومدى ارتباطها الوثيق بالمخاطر المحددة.

2-2 تقييم مخاطر الآثار الضارة البيئة والاجتماعية والمتعلقة بحقوق الإنسان،[7] الناجمة عن الأنشطة والعمليات والسلع والخدمات الخاصة بالشركة وشركائها في الأعمال التجارية على طول دورة حياتهم

ينبغي أن تحدد عمليات التقييم هذه المدى الكامل للآثار الضارة الفعلية والمحتملة في سلسلة الإمداد، سواء الآثار التي تتسبب بها الشركة أو التي تشارك فيها أو ترتبط مباشرة بعملياتها أو منتجاتها أو خدماتها من خلال علاقة تجارية. وينبغي أن تغطي عمليات التقييم الآثار البيئية والاجتماعية والمتعلقة بحقوق الإنسان. وقد تكون مطلوبة ومنظمة بموجب القوانين الوطنية. وينبغي أن يُبرز نطاقها وتواترها شدة المخاطر وأداء الشركاء التجاريين في ما يخص إدارتها. ويمكن استخدامها لأغراض الإفصاح، ويمكن أيضًا استخدامها بطريقة عملية وتطلّعية أكثر من أجل معالجة مخاطر محددة وتقوية الحوار مع الموردين وتحسين أدائهم.

وبناء على المعايير الحالية، يعطي الملحق ألف (القسم 1-3) تفاصيل بشأن ما ينبغي أن تتضمنه عمليات التقييم هذه من خطوات وآثار. وإضافة إلى ذلك، ينبغي لهذه التقييمات أن تحدد ما يلي:[8]

- أصحاب الحقوق وأصحاب المصلحة ذوي الصلة، لا سيما النساء، الذين يحتمل أن يتضرروا من العمليات على أساس مستمر.[9]
- أي شريك تجاري يحتمل ألّا يبذل العناية الواجبة على النحو المناسب.
- أي "علامات إنذار"، على النحو الموصوف في الإطار 3-1. وفي هذه الحالات، قد تدعو الحاجة إلى تعزيز العناية الواجبة، وهو ما قد يتضمن التحقيق الميداني للظروف النوعية للمنتجات أو الشركاء التجاريين أو مواقع الإنذارات.
- أي تضارب معقول بين الظروف المستندة إلى الوقائع للعمليات وسياسة الشركات بشأن السلوك التجاري المسؤول.

ويمكن أن تساعد عدة **أنواع** من عمليات التقييم في تحديد علامات الإنذار. وتصنَّف عمليات تقييم المخاطر حسب السياق أقاليم وبلدان المنبع إلى مناطق منخفضة أو متوسطة أو عالية الخطر بالنسبة إلى مجالات مخاطر محددة، وذلك من خلال تقييم الإطار التنظيمي والسياق السياسي والحريات المدنية والبيئة الاجتماعية والاقتصادية. وتهدف عمليات تقييم المخاطر على مستوى الموقع إلى فهم الظروف المستندة إلى الوقائع لعمليات الشركاء التجاريين بغية تقييم نطاق المخاطر على مستوى الموقع وشدتها واحتمال وقوعها. وينبغي لعمليات التقييم أن تشكّل الأساس لعملية التأهيل المسبق للشركاء التجاريين الجدد. وينبغي تطبيق تقييم معياري للمخاطر على الشركاء التجاريين الذين يعملون في سياقات منخفضة المخاطر. وينبغي تطبيق تقييم معزز للمخاطر على جميع الشركاء التجاريين العاملين في سياقات متوسطة وعالية المخاطر. ويمكن أن تشمل عمليات التقييم إجراء مشاورات مع أصحاب المصلحة، والمراقبة من قبل طرف ثالث، مثل منظمات المجتمع المدني وتنظيم زيارات للمزارع و/أو مرافق التجهيز.

وينبغي أن تكون عملية تقييم المخاطر **عملية مستمرة** من أجل الحفاظ على صورة حقيقية للمخاطر مع مرور الزمن ومع مراعاة الظروف المتغيرة. وينبغي أن تدفع الحالات التالية إلى إجراء عمليات تقييم جديدة للمخاطر، وهي التوريد من سوق جديدة، أو حصول تغييرات في البيئة التشغيلية لشريك تجاري (مثل تغيير في الحكومة)، أو مباشرة المورد بالتزويد من مناطق متوسطة أو عالية المخاطر، أو بدء علاقة تجارية جديدة، أو حصول تغيير في الملكية يخص الشريك التجاري، أو تطوير منتج جديد، أو حصول تغيير في النموذج التجاري.

الإطار 3-1 أمثلة على حالات تستدعي تعزيز العناية الواجبة: علامات الإنذار

- **علامات الإنذار الخاصة بالمواقع – العمليات المخطط لها أو المنتجات الزراعية في هذه المناطق:**
  - المناطق المتأثرة بالنزاعات أو التي تعتبر على أنها مناطق عالية المخاطر.[1]
  - المناطق التي تعتبر ضعيفة الحوكمة.[2]
  - المناطق التي لا تراعي فيها الحكومات الوطنية أو المحلية المعايير المتفق عليها دوليًا بشأن السلوك التجاري المسؤول أو لا تقدم الدعم إلى الشركات من أجل ضمان مراعاة هذه المعايير، على سبيل المثال عن طريق اقتراح أرض زراعية تتمتع المجتمعات المحلية فيها بحقوق حيازة مشروعة ولم تجرِ استشارة هذه المجتمعات، أو اقتراح أرض زراعية تقع في المناطق المحمية.
  - المناطق التي وردت بشأنها تقارير عن انتهاك حقوق الإنسان أو حقوق العمل.
  - المناطق التي تكون حقوق الحيازة فيها محددة بشكل ضعيف أو متنازعًا عليها.
  - المناطق التي تواجه فيها المجتمعات انعدام الأمن الغذائي أو ندرة المياه.
  - المناطق المتأثرة بالتدهور البيئي أو التي تعتبر مناطق محمية.
- **علامات الإنذار الخاصة بالمنتجات**
  - من المعروف أن إنتاج السلع الزراعية في بعض السياقات له آثار ضارة بيئية أو اجتماعية أو متعلقة بحقوق الإنسان.
  - عدم توافق المنتجات الغذائية الزراعية مع معايير الصحة وسلامة الأغذية.
- **علامات إنذار الخاصة بالشركاء التجاريين**
  - الشركاء التجاريون معروفون بعدم مراعاتهم للمعايير الواردة في هذه التوجيهات.
  - من المعروف أن الشركاء التجاريين يزودون بمنتجات زراعية من مواقع فيها علامات إنذار خلال الاثني عشر شهرًا الماضية.
  - الشركاء التجاريون لديهم أسهم أو مصالح أخرى في مؤسسات لا تراعي المعايير الواردة في هذه التوجيهات أو تورد المنتجات الزراعية من مناطق فيها علامات إنذار أو يعملون في هذه المناطق.

1- يتم تحديد المناطق المتأثرة بالنزاعات والمناطق العالية المخاطر من خلال وجود نزاع مسلح أو عنف واسع النطاق أو مخاطر أخرى تهدد الناس بالأذى. وقد يتخذ النزاع المسلح مجموعة متنوعة من الأشكال، مثل نزاع ذي طابع دولي أو غير دولي، وقد يشمل دولتين أو أكثر، أو قد ينطوي على حروب تحرير أو تمرد أو حروب أهلية وما إلى ذلك. وقد تشمل المناطق العالية المخاطر المناطق التي تشهد غياب الاستقرار السياسي أو القمع أو الضعف المؤسسي أو انعدام الأمن أو انهيار البنية التحتية المدنية أو انتشار العنف. وكثيرًا ما تتصف هذه المناطق بوجود انتهاكات واسعة النطاق لحقوق الإنسان وتجاوزات للقانون الوطني أو الدولي (منظمة التعاون والتنمية في الميدان الاقتصادي، 2013).

2- قد يتضمن ذلك إظهار أداء ضعيف في ما يتعلق بمؤشرات البنك الدولي للحكومة على المستوى العالمي، أو مؤشر مؤسسة الشفافية الدولية الخاص بإدراك وجود الفساد. ويمكن أن تتضمن أيضًا بلدانًا لم تلتزم أو لم تبدأ بتنفيذ أحكام اتفاقية الأمم المتحدة لمكافحة الفساد.

وتتوقف عمليات تقييم المخاطر على **نوع الشركة**:

- قد تُنشئ الشركات الزراعية أفرقة تقييم ميدانية من أجل توليد ومشاركة معلومات حديثة ويمكن التحقق منها والاعتماد عليها في ما يخص الظروف النوعية للإنتاج الزراعي. وستحتاج هذه الشركات إلى ضمان احترامها أصحاب الحقوق المشروعة لحيازة الأراضي، بما في ذلك عن طريق عقد مشاورات فعالة وهادفة وبحسن نية مع المجتمعات المحلية. وإذا كانت الشركات تعمل في إنتاج المواشي، ينبغي لها أن تدعم الرفق بالحيوان

في عملياتها. وينبغي لها أن تقدم نتائج عمليات تقييم المخاطر لديها إلى مؤسسات ما بعد الإنتاج.

- ينبغي ألّا تقتصر مؤسسات ما بعد الإنتاج على تحديد المخاطر في عملياتها فقط، بل أن تقيّم، إلى أقصى قدر ممكن، المخاطر التي يواجهها مورّدوها. ويمكنها تقييم هذه المخاطر من خلال تقييم العناية الواجبة التي يبذلها الموردون أو عن طريق تقييم عمليات مورديها مباشرة، على سبيل المثال عن طريق إجراء زيارات إلى المزرعة. وما يمكن أن يدعم عمليات التقييم هذه هو المشاركة في مخططات على نطاق القطاع ككل تقيّم امتثال الشركاء التجاريين لمعايير السلوك التجاري المسؤول وتوفر المعلومات ذات الصلة.
- قد يكون للشركات المالية مئات الآلاف من العملاء. وقد لا يتسنى دائمًا إجراء عمليات تقييم للمخاطر بالنسبة إلى كل عميل. وبموجب المبادئ التوجيهية، يُتوقع من جميع الشركات تحديد المجالات العامة التي يكمن فيها الخطر الأكبر لحدوث الآثار الضارة، وإسناد الأولوية للعناية الواجبة تبعًا لذلك. ويعتمد النطاق المناسب لمسؤوليات العناية الواجبة لمؤسسة مالية ما على طبيعة عملياتها ومنتجاتها وخدماتها.[10]

الخطوة 3 – إعداد وتنفيذ استراتيجية من أجل الاستجابة للمخاطر المحددة

1-3 رفع تقارير بنتائج تقييم المخاطر إلى الإدارة العليا المعيّنة

2-3 اعتماد خطة لإدارة المخاطر

يمكن لهذه الخطة أن تتضمن التدابير المقترحة في الملحق ألف من أجل التخفيف من وطأة المخاطر والوقاية منها. ويمكن أن تقترح سيناريوهات مختلفة بناء على مدى الصلة الوثيقة للمؤسسة بالآثار الضارة (أنظر الإطار 1-2 من أجل الاطلاع على مزيد من التفاصيل):

- إذا كانت الشركة تتسبب بآثار ضارة، ينبغي لها توفير الانتصاف[11] في ما يخص الآثار الضارة الفعلية والوقاية من الآثار الضارة المحتملة. وقد ينطوي على ذلك تعليق العمليات بشكل مؤقت مع بذل جهود ملموسة من أجل منع أي آثار ضارة في المستقبل، أو تعليق العمليات بشكل دائم إذا تعذّر التخفيف من هذه الآثار.
- إذا كانت الشركة تشارك في حدوث آثار ضارة، ينبغي لها أن توقف مشاركتها وأن تستخدم نفوذها من أجل التخفيف من أي آثار ضارة متبقية. وقد ينطوي ذلك على تعليق العمليات بشكل مؤقت. وينبغي للمؤسسة أيضًا أن تتخذ تدابير وقائية من أجل ضمان عدم تكرار هذه الآثار الضارة.
- إذا لم تشارك الشركة في حدوث الأثر الضار، عندما يكون الأثر رغم ذلك مرتبطًا بشكل مباشر بعملياتها أو منتجاتها أو خدماتها من خلال علاقة تجارية، ينبغي لها أن تستخدم نفوذها للتخفيف من الأثر الضار أو الوقاية منه. وقد يؤدي ذلك إلى الانفصال عن شريك تجاري ما بعد محاولات غير ناجحة للتخفيف من المخاطر، أو عندما يعتبر التخفيف من المخاطر غير ممكن أو غير مقبول. وتتضمن العوامل المتعلقة بتحديد الاستجابة المناسبة ما يلي، شدة الأثر الضار واحتمال حدوثه، وقدرة الشركة على التأثير و/أو بناء النفوذ على الشريك التجاري أو الجهات الفاعلة الأخرى ذات الصلة (مثل الحكومات)، ومدى أهمية الشريك التجاري بالنسبة إلى الشركة.

وقد تتسبب جميع أنواع الشركات بشكل مباشر في حدوث الآثار الضارة، أو تساهم في حدوثها، أو تكون مرتبطة بها بشكل مباشر. وتوضح الأمثلة التالية ما يمكن أن ينطوي على ذلك من الناحية العملية:

- *المسببات:* يمكن للأنواع الثلاثة من الشركات، أي الشركات الزراعية ومؤسسات ما بعد الإنتاج والشركات المالية، أن تتسبب مباشرة في حدوث آثار ضارة. ومع ذلك، فإن الشركات الزراعية وحدها قد تكون السبب في حدوث بعض الآثار الضارة، وكذلك

مؤسسات ما بعد الإنتاج بدرجة أقل، مثل الآثار على حقوق حيازة الأرض والرفق بالحيوان. وفي حال تبيّن، في تقييم للمخاطر، أن مؤسسة زراعية ما قد انتهكت حقوق الأراضي لأصحاب حقوق مشروعة، ينبغي على الشركة أن توفر الانتصاف في ما يخص هذه الآثار، من قبيل إعادة الأراضي إلى أصحاب الحقوق المشروعة أو ضمان حصولهم على تعويض عادل وفوري.

- *المساهمة:* إذا طلبت مؤسسة لبيع الأغذية بالتجزئة جداول زمنية صارمة للتسليم في ما يتعلق بالمنتجات الزراعية الموسمية والطازجة مثل الفراولة، قد تؤدي بمورديها إلى زيادة القوى العاملة لديهم بشكل مفاجئ من أجل تلبية الطلب، مما يؤدي إلى استغلال العمال المهاجرين المؤقتين. وعليه، ينبغي لمؤسسة بيع الأغذية بالتجزئة أن تتوقف عن مشاركتها في هذا الأثر الضار، على سبيل المثال عن طريق تخفيف الضغط على موردها أو رفع أسعار الشراء لمراعاة قيود التدفقات المالية لدى مورديها.
- *الارتباط بشكل مباشر:* يمكن أن يستثمر صندوق للمعاشات التقاعدية في صندوق استثماري يستثمر بدوره في مزرعة تعتمد على عمل الأطفال في بعض أكثر مهام العمل كثافة، مثل قطف قرون الفانيليا. وبالتالي، فإن صندوق المعاشات التقاعدية يرتبط بشكل مباشر بالآثار الضارة بحقوق الإنسان. وينبغي له أن يستخدم نفوذه للوقاية من الأثر الضار أو التخفيف منه، على سبيل المثال عن طريق الإعراب عن عزمه على الانسحاب من صندوق الاستثمار إذا لم تعالج مسألة عمالة الأطفال على مستوى المزرعة.

3-3 تنفيذ خطة إدارة المخاطر ومراقبة جهود التخفيف من المخاطر وتتبع أداءها ورفع التقارير إلى الإدارة العليا المعنيّة

ينطوي هذا على التشاور مع أصحاب المصلحة المتضررين، بما في ذلك العمال وممثليهم والشركاء التجاريين، من أجل توضيح الشواغل والاتفاق على استراتيجية للتخفيف من المخاطر.

الخطوة 4- التحقق من العناية الواجبة في سلسلة الإمدادات

ينبغي للشركات أن تتخذ خطوات للتحقق من أن ممارسات العناية الواجبة لديها تتسم بالفعالية، أي أنه قد جرى على النحو المناسب تحديد المخاطر والتخفيف منها، أو الوقاية منها. وهنا ينشأ سيناريوهان اثنان:

1- في حال تم التخفيف من الخطر أو الوقاية منه، ينبغي أن تبذل الشركة العناية الواجبة بصورة مستمرة بما يتناسب مع المخاطر.
2- في حال لم يتم التخفيف من الخطر أو الوقاية منه، ينبغي أن تحدد عملية التحقق سبب هذه الحالة، مثل انعدام سياسة فعالة للتخفيف من المخاطر، أو عدم كفاية الوقت أو الموارد، أو انعدام الإرادة بشأن التخفيف من المخاطر. وينبغي إجراء تقييم جديد للمخاطر.

وينبغي لعلمية التحقق القيام بما يلي:

- أن تضمن تمثيل صوت المرأة تمثيلًا كافيًا.
- أن تكون متناسبة مع المخاطر.
- أن تصدر توصيات من أجل تحسين ممارسات العناية الواجبة.
- أن تراعي قدرات مختلف الشركات إذ إن هذه العمليات يمكن أن تكون مكلفة. ويمكن تقييم العناية الواجبة عن طريق آليات معقولة التكلفة بالنسبة إلى الشركات الصغيرة، مثل مبادرات الامتثال الاجتماعي الموجهة محليًا.[12]

ويمكن أن تشمل عملية التحقق عمليات المراجعة والتحقيق الميدانية والمشاورات مع السلطات الحكومية والمجتمع المدني وأعضاء المجتمع المتضرر ومنظمات العمال على المستويات المحلية والوطنية والدولية. واستقلالية عمليات المراجعة وجودتها أمران بالغا الأهمية بالنسبة إلى فعاليتها.[13] وينبغي أن يكون المراجعون مستقلين وأكفاء وخاضعين للمساءلة. ويمكن للشركات أن تنظر في إمكانية إدراج عمليات المراجعة ضمن آلية مؤسسية مستقلة مسؤولة عن اعتماد المراجعين، والتحقق من عمليات المراجعة ونشر التقارير عنها، وتنفيذ النماذج من أجل بناء قدرات الموردين على بذل العناية الواجبة، والمساعدة على متابعة تظلمات الأطراف المعنية.

ومن شأن عمليات التحقق التي تكمل وتعزز بعضها البعض وتستند إلى معايير مشتركة وتجري في مراحل مناسبة في سلسلة الإمداد، أن تساعد في زيادة الكفاءة وتفادي الكلل عند إجراء التقييم.[14] وعلى سبيل المثال، يمكن للمراجعين أن يقروا نتائج المراجعات التي أجرتها أطراف ثالثة مستقلة أخرى. وقد تود الشركات التركيز على "نقاط الاختناق"، أي النقاط التي تعمل فيها مجموعة محدودة من أصحاب المصلحة في سلسلة الإمداد – عوضًا عن تقييم كل مؤسسة في سلسلة الإمداد. ويمكنها أن تحدد نقاط الاختناق عبر مراعاة ما يلي:

(1) النقاط الرئيسية للتحول المادي في سلسلة الإمداد، مثل التجهيز والتغليف.
(2) عدد الجهات الفاعلة في وقت معين في سلسلة الإمداد: يمكن أن تركز عمليات المراجعة على نقاط في سلسلة الإمداد تكون فيها الجهات الفاعلة النشطة قليلة نسبيًا أو يجري فيها تجميع أغلب المنتجات الغذائية الزراعية.
(3) أهم نقاط النفوذ في مؤسسات ما بعد الإنتاج.
(4) النقاط التي توجد فيها أصلًا مخططات وبرامج لعمليات المراجعة من أجل تعزيز هذه النظم وتفادي الازدواجية.

وعلى سبيل المثال، من المحتمل أن تكون نقطة اختناق بالنسبة إلى سلسلة إمداد البنّ في إثيوبيا هي بورصة السلع الإثيوبية حيث يبيع عدد محدود من التجار البنّ الذي ينتجه العديد من صغار المنتجين (الحالة (2) أعلاه). وفي سلاسل إمداد البنّ الأكثر تجزئة، يمكن أن تكون نقاط الاختناق هي مصانع التجهيز أو تجار الجملة أو المصدرين. وينبغي ألّا يُستعاض بالتركيز على نقاط الاختناق هذه عن بذل العناية الواجبة المعمّقة على طول سلسلة الإمداد.

الخطوة 5- رفع تقارير بشأن العناية الواجبة في سلسلة الإمداد

ينبغي للشركات أن ترفع تقارير علنية عن سياسات وممارسات العناية الواجبة في سلسلة الإمداد، مع إيلاء الاعتبار الواجب لسرية الأعمال التجارية والشواغل الأخرى المتعلقة بالمنافسة. وينبغي لها أن توفر لأصحاب المصلحة المتضررين والشركاء التجاريين معلومات واضحة ودقيقة وفي حينها بشأن الآثار الضارة الفعلية والمحتملة التي جرى تحديدها من خلال تقييمات الأثر المستمرة، وبشأن الخطوات والتدابير المتخذة من أجل التخفيف والوقاية منها. ويمكن أن تتضمن التقارير أيضًا معلومات بشأن النظم الإدارية للشركة وتقارير التحقق من ممارسات العناية الواجبة. وينبغي أن تكون التقارير متاحة لجميع أصحاب المصلحة المعنيين بمجرد نشرها.

وبعيدًا عن التقارير العامة والرسمية، يمكن أن يتخذ التواصل أشكالًا مختلفة، بما في ذلك الاجتماعات بحضور الأعضاء والحوار عبر الإنترنت والمشاورة مع أصحاب المصلحة المتضررين. ويجب أن يكون التواصل متناسبًا مع الآثار والجمهور من ناحية شكله وتواتره وسهولته وكفاية المعلومات التي يقدمها.

الملاحظات

1 معايير مؤسسة التمويل الدولية للأداء، المعيار 6، الفقرة 26.

2 المبادئ التوجيهية، تاسعًا، التعليق 44؛ والمبادئ التوجيهية للأمم المتحدة، الفقرة 16.

3 تعرّف لجنة الدستور الغذائي قابلية التتبع على أنها القدرة على تتبع حركة غذاء معيَّن من خلال مرحلة (مراحل) محددة من الإنتاج، والتصنيع والتوزيع.

4 تتحكم *قابلية تتبع التوازن الكلي* بالكمية الدقيقة للمواد الخاضعة للتقييم والمعتمدة التي تدخل في سلسلة الإمداد. ويمكن بيع أو إصدار شهادات للكمية المكافئة من المنتج التي تخرج من سلسلة الإمداد. ويمكن خلط المكونات المعتمدة وغير المعتمدة. وتقوم *قابلية تتبع الفصل المادي* بتحديد المواد والمنتجات المعتمدة وتتبعها على طول سلسلة الإمداد. وتشير *سلسلة المسؤولية* إلى التوثيق الزمني أو السجلات الورقية التي تظهر ضبط منتج مادي ورعايته ومراقبته ونقله وتحليله وامتلاكه.

5 يمكن الاطلاع على مزيد من التفاصيل بهذا الصدد في الملحق ألف، القسم 1-3.

6 لمزيد من المعلومات، يمكن الرجوع إلى الملحق ألف، القسم 1-5؛ ومؤسسة التمويل الدولية، 2009؛ وتوجيهات العناية الواجبة الصادرة عن منظمة التعاون والتنمية في الميدان الاقتصادي بشأن المشاركة البناءة لأصحاب المصلحة في قطاع استخراج الموارد الطبيعية.

7 على النحو الموضح في دليل المعهد الدولي للتنمية المستدامة بشأن التفاوض على عقود التنمية (المعهد الدولي للتنمية المستدامة، 2014)، فإن عمليات تقييم الآثار البيئية أصبحت الآن ممارسة راسخة من أجل المشاريع في مجموعة واسعة من القطاعات الاقتصادية. وقد سنّ حوالي ثلثي البلدان النامية، التي يبلغ عددها 110 بلدان تقريبًا، شيئًا من التشريعات المتعلقة بتقييم الأثر البيئي بحلول منتصف تسعينيات القرن الماضي. ومع أنّ تقييم الآثار الاجتماعية أقل شيوعًا، إلا أنها تتحول بشكل متزايد لتصبح جزءًا من العملية والممارسة الخاصتين بتقييم الأثر البيئي. وهناك افتقار إلى المبادئ المتفق عليها عمومًا من أجل عمليات تقييم الآثار الاجتماعية، لكن الرابطة الدولية لتقييم الأثر نشرت مجموعة متكاملة من المبادئ التوجيهية. وتشمل المتغيرات الأخرى عمليات تقييم الاستدامة التي تدمج المنظورات الاجتماعية والاقتصادية والبيئية أو عمليات تقييم الأثر التراكمي. وهناك ممارسة متزايدة تتمثل في إجراء عمليات تقييم للآثار البيئية والاجتماعية في الوقت ذاته. وقد تشمل عمليات تقييم الأثر أيضًا الآثار على الرفق بالحيوان.

8 ويمكن لأدوات تحليل المخاطر أن تساعد في تحديد المخاطر، مثل الأدوات التي وضعها الصندوق العالمي للأحياء البرية. وتشمل الأدوات أداة لتحليل المخاطر في الإمداد (*www.supplyrisk.org*) وأداة تحديد المخاطر على مستوى المياه (*htttp://waterriskfilter.panda.org*).

9 يمكن الاطلاع على مزيد من المعلومات في الملحق ألف، القسمان 2 و6.

10 على سبيل المثال، سواء أكانت الخدمة المالية تُستخدم بشكل رئيسي لإثبات الملكية أو التمويل أو دعم *الأداء العام* للعميل (مثل القروض العامة أو التمويل العام للشركات)، أم أنها تستخدم فقط من أجل *أدائها المحدد* (مثل تمويل المشروع)، فإنها قد تؤثر على نطاق عملية العناية الواجبة التي أوصت بها المبادئ التوجيهية. ففي الحالة الأولى، ربما يُتوقع من الشركة المالية أن تستجيب إلى جميع الآثار الضارة المرتبطة بأنشطة العميل. وفي الحالة الأخيرة، قد يُتوقع من الشركة أن تستجيب فقط إلى آثار الأنشطة التي تمولها أو تدعمها.

11 وورد في الدليل *مسؤولية الشركات عن احترام حقوق الإنسان، دليل تفسيري*، الصادر عن مفوضية الأمم المتحدة السامية لحقوق الإنسان، أنه لا يُقصد بالانتصاف عملية معالجة الأثر الضار فحسب، بل كذلك معالجة النتائج الموضوعية التي يمكن من خلالها مواجهة الأثر الضار أو التعويض عنه. فقد تتخذ تلك النتائج مجموعة من الأشكال، مثل الاعتذار، وإعادة الحق إلى نصابه، وإعادة التأهيل، والتعويض المالي أو غير المالي والعقوبات (سواء أكانت جنائية أم إدارية، مثل الغرامات)، فضلًا عن منع الضرر من خلال الأوامر الزجرية أو ضمانات عدم التكرار، على سبيل المثال.

12 البرنامج الذي تتطلع به مبادرة التنمية في جنوب أفريقيا يعطي مثالًا جيدًا على برنامج محلي اجتماعي للامتثال. وبرنامج التجارة الأخلاقية هذا هو من إعداد رابطة المزارعين المحليين. ووضعت مجموعة موحدة من المعايير من أجل منتجي الفواكه في جنوب أفريقيا بناء على القوانين المحلية والمدونة المرجعية وعملية المراجعة المرجعية ومنهجية البرنامج العالمي للامتثال الاجتماعي واتفاقيات منظمة العمل الدولية. وتعمل الشركات الرئيسية للبيع بالتجزئة مع المنظمات المحلية من أجل بناء القدرات. وعن طريق تقوية النظراء المحليين، تسعى مؤسسة البيع بالتجزئة إلى ضمان استدامة استثماراتها في الأداء الاجتماعي لسلاسل الإمداد في جنوب أفريقيا.

13 إثر كارثة رانا بلازا، شددت جهة الاتصال الوطنية الفرنسية على أهمية إجراء مراجعات مستقلة وعالية الجودة في التقرير التالي: NCP report on the Implementation of the OECD Guidelines in the Textile and Clothing Sector [تقرير جهة الاتصال الوطنية بشأن تنفيذ المبادئ التوجيهية الصادرة عن منظمة التعاون والتنمية في الميدان الاقتصادي في قطاع الأقمشة والثياب]، وذلك عقب إحالة من Nicole Bricq، وزير التجارة الخارجية، التوصية رقم 6، الصفحتان 57 و58، 2 ديسمبر/كانون الأول 2013، *www.tresor.economie.gouv.fr/File/398811*.

14 على سبيل المثال، وضعت شركة SGS برنامجًا عالميًا للامتثال الاجتماعي من أجل الحد من الكلل عند إجراء المراجعات.

المراجع

منظمة الأغذية والزراعة (2014). *الابتكار في الزراعة الأسريّة*، حالة الأغذية والزراعة، منظمة الأغذية والزراعة، روما.

منظمة الأغذية والزراعة (2012). *الاستثمار في الزراعة من أجل مستقبل أفضل*، حالة الأغذية والزراعة، منظمة الأغذية والزراعة، روما.

المعهد الدولي للتنمية المستدامة، 2014، *Guide to Negotiating Investment Contracts for Farmland and Water*، المعهد الدولي للتنمية المستدامة، مانيتوبا.

منظمة التعاون والتنمية في الميدان الاقتصادي ومنظمة الأغذية والزراعة (2015)، *OECD-FAO Agricultural Outlook 2015*, OECD Publishing, Paris, *http://dx.doi.org/10.1787/agr_outlook-2015-en*

منظمة التعاون والتنمية في الميدان الاقتصادي (2014)، *Due Diligence in the Financial Sector: Adverse Impacts Directly Linked to Operations, Products or Services by a Business Relationship*، *http://mneguidelines.oecd.org/global-forum/GFRBC-2014-financial-sector-document-1.pdf.*

منظمة التعاون والتنمية في الميدان الاقتصادي (2013)، *OECD Due Diligence Guidance for Responsible Supply Chains of Minerals from Conflict-Affected and High-Risk Areas: Second Edition*, OECD Publishing, Paris، *http://dx.doi.org/10.1787/9789264185050-en*

الملحق ألف

تدابير التخفيف من المخاطر والوقاية منها على طول سلاسل الإمدادات الزراعية

يحدد هذا الملحق مخاطر الآثار الضارة التي تنشأ على طول سلاسل الإمدادات الزراعية، ويقترح تدابير للتخفيف والوقاية منها، وذلك بناءً على المعايير ذاتها التي بُنيت عليها السياسة النموذجية للشركات. والتدابير المقترحة قد يعزز بعضها بعضًا. وعلى سبيل المثال، يمكن لاحترام حقوق العمل، بما في ذلك عن طريق توفير الأجور وظروف العمل اللائقة، أن يدعم الوصول إلى الأغذية الملائمة ويساعد في تحقيق أعلى مستوى ممكن من الصحة الجسدية والعقلية. وينبغي أن يتم تكييف تنفيذ التدابير المقترحة وفقًا لموقف كل شركة ونوع مشاركتها في سلسلة الإمداد، وسياق وموقع عملياتها، وحجمها وقدراتها.

1- المعايير الشاملة للسلوك التجاري المسؤول

1-1 الإفصاح عن المعلومات

المخاطر

يمكن أن يؤدي انعدام الشفافية إلى غياب الثقة وحرمان الشركات من إمكانية حل المشاكل الصغيرة قبل أن تتفاقم لتصبح نزاعات كبرى؛ أما مشاركة المعلومات إلى الحد الأقصى فيمكن أن تقلل من تكاليف المعاملات بالنسبة إلى جميع أصحاب المصلحة (منظمة الأغذية والزراعة، 2010). وعند عدم تقديم المعلومات بطريقة لغوية وثقافية مناسبة وآنية وقابلة للقياس والتحقق، بما في ذلك عن طريق اجتماعات التشاور المنتظمة ووسائل الإعلام العامة، فإن الشركات معرضة لخطر عدم فهمها بالكامل من قبل أصحاب المصلحة المحتمل تضررهم، أو عدم الوصول إلى جميع الأطراف المعنية (مؤسسة التمويل الدولية، 2012). وفي غياب القوانين الواضحة والقابلة للتنفيذ بشأن الشفافية والإفصاح عن المعلومات، لا بد من بذل العناية الواجبة المعزّزة (منظمة التعاون والتنمية في الميدان الاقتصادي، 2006).

تدابير التخفيف من المخاطر

- من دون تهديد الموقع التنافسي أو الواجبات تجاه المالكين المستفيدين في الشركة، تزويد الجمهور بمعلومات دقيقة وفي حينها بشأن ما يلي:
  - الغاية من العمليات وطبيعتها ونطاقها.
  - اتفاقات و/أو عقود الإيجار ومدتها.
  - أنشطة الشركة وهيكليتها وملكيتها وحوكمتها.
  - الوضع المالي للشركة وأداؤها المالي.
  - سياسات السلوك التجاري المسؤول وعملية التنفيذ، بما في ذلك عملية إشراك أصحاب المصلحة وتوفر آليات التظلم والانتصاف.
  - عمليات تقييم الآثار البيئية والاجتماعية والمتعلقة بحقوق الإنسان، بما في ذلك عوامل الخطر المتوقعة مثل الآثار المحتملة البيئية والاجتماعية والمتعلقة بحقوق الإنسان والصحة والسلامة، التي تنتج عن عمليات الشركة وتؤثر على مختلف أصحاب المصلحة، وعلى المواقع المقدسة أو الأراضي والمياه المستخدمة تقليديًا أو تلك التي تشغلها الشعوب الأصلية والمجتمعات المحلية.
  - خطط الإدارة البيئية والاجتماعية والمتعلقة بحقوق الإنسان، وخصائص المنتجات.[1]

- **نشر** المعلومات من خلال جميع وسائل الإبلاغ المناسبة (المطبوعة والإلكترونية وعلى وسائل التواصل الاجتماعي، بما في ذلك الصحف والإذاعة والتلفزيون والمراسلات والاجتماعات المحلية وما إلى ذلك)، مع مراعاة حالة المجتمعات النائية أو المعزولة والأمية إلى حد كبير وضمان أن يتم هذا الإبلاغ والمشاورة بلغة (لغات) المجتمعات المتضررة.[2]
- **مشاركة** جميع المعلومات بشكل مباشر ومن دون تأخير في حال وجود تهديد وشيك على صحة الإنسان أو البيئة، وهو ما يمكّن السلطات والجمهور من اتخاذ تدابير الوقاية من الضرر الناشئ عن هذا التهديد، أو التخفيف من هذا الضرر.[3]
- **تكييف** سياسات الإفصاح عن المعلومات مع طبيعة العمليات وحجمها وموقعها، مع إيلاء الاهتمام الواجب للتكاليف والسرية التجارية وغيرها من الشواغل المتعلقة بالمنافسة.[4]

2-1 المشاورات

المخاطر

إن غياب المشاورات مع أصحاب المصلحة الذين يحتمل أن يتضرروا بالعمليات يمنع الشركات من تقييم جدوى المشروع بشكل واقعي ومن تحديد تدابير الاستجابة الفعالة والمحددة السياق. ويمكن للمشاورات الشاملة والشفافة بشكل كامل أن تخفض تكاليف المعاملات وتقلل المعارضة وترسي الثقة بين صفوف أصحاب المصلحة.

تدابير تخفيف المخاطر

- إعداد وتنفيذ خطة **لمشاركة أصحاب المصلحة** مكيّفة مع المخاطر والآثار ومرحلة إعداد العمليات، ومكيّفة مع خصائص المجتمعات المتضررة ومصالحها. وعند الاقتضاء، ينبغي أن تتضمن الخطة تدابير مختلفة من أجل إتاحة المشاركة الفعالة للفئات التي تم تحديدها على أنها محرومة أو ضعيفة.[5]
- عقد **مشاورات** مبكرة ومستمرة وفعالة وهادفة وبحسن نية **مع المجتمعات التي يحتمل أن تتضرر**، مع إيلاء الاعتبار الواجب إلى المعايير الدولية المذكورة في الملحق باء. وينبغي أن تُعقد هذه المشاورات أيضًا بشأن أي تعديل على العمليات.[6]
- تنظيم علميات المشاورة وصنع القرارات **من دون تخويف** وبجو من الثقة قبل اتخاذ القرارات، والاستجابة للمساهمات مع مراعاة اختلالات القوة القائمة بين الأطراف المختلفة.[7]
- عند الاقتضاء، السعي إلى توفير المساعدة **الفنية والقانونية** للمجتمعات المتضررة من أجل المشاركة في تطوير المشروع بطرق غير تمييزية، جنبًا إلى جنب مع الشركات الممثلة للمجتمعات المتضرّرة وبالتعاون مع هذه المجتمعات.
- إيلاء **الاعتبار الكامل والعادل للآراء** المعبّر عنها خلال المشاورات، ومنح المجتمعات المتضررة الوقت الكافي بين الإبلاغ والمشاورات العامة بشأن العمليات المقترحة كي تعدّ ردودها، وإبلاغ الفئات المتضررة عن طريقة النظر في شواغلها.[8]
- **توثيق وتنفيذ** الاتفاقات الناتجة عن المشاورات، بما في ذلك عن طريق إنشاء عملية يمكن فيها تسجيل الآراء والشواغل على نحو ملائم. ومع أن البيانات الخطيّة قد تكون هي المفضلة، يمكن أيضًا تسجيل آراء أفراد المجتمع في مقاطع صوتية أو فيديوية، أو بأي طريقة أخرى ملائمة، رهنًا بموافقة المجتمعات.[9]
- التحقق قدر الإمكان من أن **ممثلي المجتمعات** يمثلون في الواقع آراء أصحاب المصلحة الذين يمثلونهم، وأنه بالإمكان الاعتماد عليهم كي يطلعوا مفوضيهم على نتائج المشاورات بأمانة.
- عند إجراء **عمليات تقييم الأثر**، إنشاء آليات من أجل مشاركة المجتمعات في إعداد عمليات التقييم وإجرائها، بما في ذلك الفئات الضعيفة؛ وتحديد الجهات الفاعلة التي تتحمل

المسؤولية وتتولى الانتصاف والتأمين والتعويض؛ وإنشاء عملية للاستعراض والطعون.[10]

3-1 تقييم الأثر

المخاطر

يمكن للشركات أن تتفادى الآثار الضارة الفعلية أو المحتملة الناتجة عن أنشطتها وعملياتها وسلعها وخدماتها أو أن تخفف من هذه الآثار إذا كان تجنبها غير ممكن، وذلك عن طريق تقييم المخاطر الناتجة عن هذه الآثار على مدى دورة حياتها الكاملة وبصورة مستمرة. وبإمكان عمليات التقييم هذه أن تسمح للشركات بوضع نهج شامل وتطلعي بشأن إدارة المخاطر، بما في ذلك المخاطر الناتجة عن أنشطة شركائها التجاريين.[11]

تدابير التخفيف من المخاطر

- إدراج **المراحل التالية** في تقييم الأثر:
  1- الفرز، أي تحديد المقترحات التي ينبغي أن تخضع لتقييم الأثر، من أجل استبعاد تلك التي من غير المرجح أن تكون لها آثار ضارة والإشارة إلى مستوى التقييم المطلوب.
  2- تحديد النطاق، أي تحديد محور تركيز عملية تقييم المخاطر والقضايا الرئيسية التي ينبغي دراستها.
  3- تحليل الأثر.
  4- تحديد تدابير التخفيف، بما في ذلك، حسبما يكون ملائمًا في ظل الظروف: إيقاف العمليات؛ أو إيجاد بدائل لتجنب الآثار الضارة؛ أو إدراج ضمانات في تصميم العمليات؛ أو تقديم تعويض مالي و/أو غير مالي عن الآثار الضارة.
- حسب الاقتضاء، تغطية الآثار المحتملة التالية عند إجراء تقييم للآثار البيئية والاجتماعية والمتعلقة بحقوق الإنسان (قد يكون من المناسب تغطية الآثار الضارة والآثار الإيجابية على السواء من أجل تعزيز الأخيرة):
  - الآثار البيئية، مثل الآثار على التربة والمياه والهواء والغابات والتنوع البيولوجي[12]
  - الآثار الاجتماعية التي قد تؤثر على الرفاه ومقومات الحياة والبقاء في المجتمعات المتضررة، بما في ذلك جودة الحياة التي تقاس من حيث توزيع الدخل، والسلامة البدنية والاجتماعية وحماية الأفراد والمجتمعات، ومستويات التوظيف وفرصه، والصحة والرفاه، والتعليم، وتوفر السكن وأماكن الإقامة وجودتها، والبنية التحتية، والخدمات
  - الآثار المتعلقة بحقوق الإنسان التي قد تؤثر مثلًا على التمتع بالحقوق الاقتصادية والاجتماعية والثقافية والمدنية والسياسية في المجتمعات المتضررة
  - الآثار على التراث الثقافي، وطريقة الحياة، والقيم، ونظم المعتقدات، واللغات، والتقاليد، والاقتصاد، والعلاقات مع البيئة المحلية والأنواع المعينة، والتنظيم الاجتماعي، وعادات المجتمعات المتضررة
  - الآثار على المرأة، مع إيلاء الاعتبار الواجب لدورها كمقدمة للغذاء ومؤتمنة على التنوع البيولوجي وصاحبة المعارف التقليدية[13]
  - الآثار على الرفق بالحيوان
- دعوة المجتمعات المتضررة إلى المشاركة في إجراء تقييم للأثر، وطلب المعلومات منها، وتزويدها بردود منتظمة في جميع مراحل تقييم الأثر.[14]
- تقييم المخاطر والآثار في سياق **مجال تأثير المشروع** عندما ينطوي المشروع على عناصر وجوانب ومرافق مادية من المرجح أن تولد آثارًا.[15]

53 توجيهات منظمة التعاون والتنمية في الميدان الاقتصادي ومنظمة الأغذية والزراعة بشأن سلاسل الإمدادات الزراعية المسؤولة © OECD, FAO 2021

4-1 تقاسم الفوائد

المخاطر

بغية تجنب خطر نشوء معارضة محلية، وبغية تقليل تكاليف المعاملات، ينبغي للشركات استكشاف طرق لتعظيم الآثار الإيجابية لعملياتها بالنسبة إلى المجتمعات المحلية. والانخراط في مشاورات بشأن فوائد عملياتها بين مختلف أصحاب المصلحة يمكن أن يبني الثقة ويساعد على ضمان القبول المحلي ويرسي تحالفات طويلة الأمد بين الأطراف مع منع حدوث نزاعات في الوقت ذاته. وضمان انتفاع أصحاب المصلحة هؤلاء بالعمليات يمكن أن يسهل أيضًا تحديد المواقع المقبولة للعمليات، وأن يتيح الاستفادة من المعرفة المحلية لضمان الاستخدام الأمثل للإمكانات الإيكولوجية الزراعية (منظمة الأغذية والزراعة، 2010؛ الأمم المتحدة، 2009).

وتقاسم الفوائد أمر منفصل عن التعويض (ويمكن أن يُضاف إليه) في ما يخص الآثار الضارة التي لا يمكن تجنبها؛ ويهدف التقاسم إلى بناء شراكة بين الشركة والشعوب الأصلية أو المجتمعات المحلية اعترافًا بمساهمتها في العمليات. وفي ظروف محددة، قد يحق للشعوب الأصلية أو المجتمعات المحلية تقاسم الفوائد الناتجة عن العمليات إذا استخدمت الشركات الأراضي أو الموارد أو المعارف الخاصة بهذه الشعوب أو المجتمعات.[16] ويمكن أن تكون هذه الفوائد مالية أو غير مالية[17] على النحو المتفق عليه بين الشركة والمجتمع المعني، كجزء من عملية المشاورة. ويمكن أن يسترشد القرار بشأن أنواع الفوائد بتقييمات الآثار البيئية والاجتماعية والمتعلقة بحقوق الإنسان.[18]

ومع ذلك، هناك أيضًا مخاطر ترتبط بتقاسم الفوائد. وبعد التفاوض على اتفاقات تقاسم الفوائد، تواجه الشركات مخاطر تتعلق بنشوب نزاع مع الشعوب الأصلية عندما لا يتم تقاسم الفوائد بالفعل مع المجتمع بأسره، بل تأخذها مجموعة محددة من أصحاب المصلحة. وقد يتم الاتفاق على تقاسم الفوائد مع بعض المجتمعات ذات الصلة، وليس جميعها، مما يؤدي إلى استبعاد مجتمعات معينة. ويمكن التخفيف من هذه المخاطر من خلال المشاركة الهادفة لأصحاب المصلحة في عملية العناية الواجبة.

تدابير التخفيف من المخاطر

- السعي إلى **تحديد** فرص الفوائد الإنمائية، على سبيل المثال، عن طريق إنشاء روابط قبلية وبعدية على المستوى المحلي وإنشاء وظائف محلية مصحوبة ببيئات عمل آمنة، أو تنويع الفرص المدرة للدخل، أو تنمية القدرات، أو المشتريات المحلية، أو نقل التكنولوجيا، أو إدخال تحسينات في البنية التحتية المحلية، أو تحسين الوصول إلى الائتمان والأسواق، خاصة بالنسبة إلى الشركات الصغيرة والمتوسطة الحجم، أو الدفع مقابل الخدمات البيئية، أو تخصيص الإيرادات، أو إنشاء صناديق استئمانية.[19]
- ضمان **تماشي** العمليات مع أولويات التنمية والأهداف الاجتماعية للحكومة المضيفة.[20]
- تقاسم **الفوائد المالية وغير المالية** الناتجة عن العمليات التي تُستخدم فيها أراضي الشعوب الأصلية ومواردها ومعارفها، وذلك على أساس العملية التشاورية وعمليات تقييم الآثار البيئية والاجتماعية والمتعلقة بحقوق الإنسان، وبطريقة لا تحصر الفائدة بشكل غير عادل على مجموعات محددة، بل تدعم التنمية الاجتماعية المنصفة والمستدامة.[21]

5-1 آليات التظلم

المخاطر

إن آليات التظلم على المستوى التشغيلي المصممة كنظم إنذار مبكر للتوعية بالمخاطر تتيح طريقة محلية ومبسطة ومفيدة للطرفين من أجل تسوية المسائل بين الشركات والمجتمعات المتضررة، بما في ذلك أصحاب حقوق الحيازة، من خلال المساعدة في حل النزاعات الصغيرة

على نحو سريع وعادل ومنخفض الكلفة قبل أن تصل إلى آليات تسوية النزاعات الرسمية، بما فيها المحاكم القضائية (مؤسسة التمويل الدولية، 2009). ويمكنها أن تعطي الشركات معلومات قيمة عن طريقة العمل كنظام إنذار مبكر للمشاكل الكبرى، وسماع آراء الأفراد الذين يسلطون الضوء على فرص تحسين عمليات الشركة أو أنظمة الإدارة فيها، والإشارة إلى التغييرات المنهجية المحتملة لضمان عدم تكرار مظالم معينة (المحقق لشؤون التقيد بالأنظمة، 2008).

تدابير التخفيف من المخاطر

- تحديد نطاق آليات التظلم وفقًا لمخاطر العمليات وآثارها الضارة بهدف السعي إلى إيجاد حل للشواغل على الفور، وذلك باستخدام عملية تشاورية مفهومة وشفافة وملائمة ثقافيًا ويمكن الوصول إليها بسهولة، ومن دون فرض جزاء على الطرف الذي أحدث المسألة أو الشاغل. [22]

- **العمل مع أصحاب المصلحة المتضررين** بشأن إعداد الآلية وأدائها بغية ضمان تلبيتها احتياجات أصحاب المصلحة، واستخدامهم لها عمليًا، ووجود اهتمام مشترك في ضمان نجاح الآلية. [23]

- تجنب استخدام آليات التظلم التي أنشأتها الشركات بهدف منع الوصول إلى آليات التظلم القضائية وغير القضائية، بما في ذلك جهات الاتصال الوطنية المذكورة في المبادئ التوجيهية، أو بهدف تقويض دور نقابات العمال في معالجة النزاعات المتعلقة بالعمل. [24]

وإضافة إلى ذلك، فإن معايير فعالية آليات التظلم غير القضائية الواردة في المبادئ التوجيهية للأمم المتحدة (المبدأ 31) توفر نقطة مرجعية مهمة، وهي أنه ينبغي لآليات التظلم غير القضائية القائمة على مستوى الدولة أو غير القائمة على مستوى الدولة أن تتبع المعايير المبيّنة في الجدول ألف-1 كي تتسم بالفعالية.

شرعية	**أن تحظى بثقة فئات أصحاب المصلحة الذين وُضعت لفائدتهم، وأن تكون مسؤولة عن نزاهة سير عمليات التظلّم.**
سهولة الوصول إليها	أن تكون معروفة لدى جميع فئات أصحاب المصلحة الذين وُضعت لفائدتهم، وأن توفر المساعدة الكافية لمن يواجهون عوائق خاصة تحول دون وصولهم إليها.
يمكن التنبؤ بها	أن توفر إجراءات واضحة ومعروفة مع إطار زمني إرشادي لكل مرحلة من المراحل، وأن تتسم بالوضوح بشأن أنواع العملية والنتائج المتاحة ووسائل رصد التنفيذ.
منصفة	أن تسعى إلى ضمان سبل معقولة لوصول الأطراف المتضررين إلى مصادر المعلومات وأن تكون لديهم ما يلزم من مشورة وخبرة لبدء عملية تظلّم مستنيرة ومتسمة بالإنصاف والاحترام.
شفافة	أن تبقي أطراف التظلّم على علم بأي تقدم يحرز في العملية، وأن تقدم معلومات كافية عن أداء الآلية لبناء الثقة في فعاليتها والحفاظ على أي مصلحة عامة تتعرض للخطر.
متماشية مع الحقوق	أن تضمن تماشي النتائج والحلول مع حقوق الإنسان المعترف بها دوليًا.
مصدر للتعلم المستمر	أن تستند إلى تدابير ذات صلة لتحديد الدروس اللازمة لتحسين الآلية والحيلولة دون إيقاع الظلم وإلحاق الضرر في المستقبل.
قائمة على المشاركة والحوار	استشارة فئات أصحاب المصلحة، الذين وُضعت الآليات لفائدتهم، بشأن تصميمها وأدائها، والتركيز على الحوار كوسيلة لتناول المظالم وحلها.

الجدول ألف-1 **خصائص آليات التظلّم الفعالة**

المصدر: المبادئ التوجيهية للأمم المتحدة، المبدأ 31.

2- حقوق الإنسان

المخاطر

تخاطر الشركات بعدم احترام حقوق الإنسان عندما تتسبب أو تشارك في حدوث آثار ضارة تتعلق بحقوق الإنسان في سياق أنشطتها، وعندما تفشل في معالجة هذه الآثار عند حدوثها. وينبغي لها أن تمنع أو تخفف من الآثار الضارة بحقوق الإنسان التي ترتبط ارتباطًا مباشرًا بأنشطتها أو منتجاتها أو خدماتها التجارية عن طريق علاقة تجارية.[25] ومسؤولية الشركات عن احترام حقوق الإنسان تستقل بوجودها عن قدرات الدول و/أو رغبتها في الوفاء بالتزاماتها المتعلقة بحقوق الإنسان، ولا تلغي هذه الالتزامات.[26] وإذا كانت القوانين الوطنية غير موضوعة أو مطبقة بشكل كاف، ينبغي للشركات أن تبذل العناية الواجبة المعززة في ما يخص تحديد مخاطر الآثار الضارة المتعلقة بحقوق الإنسان ومعالجتها.

وينبغي أن يؤخذ في الحسبان ترابط جميع حقوق الإنسان، بما في ذلك الحقوق الاقتصادية والاجتماعية والثقافية والمدنية والسياسية. وينبغي للشركات أن تستعرض بانتظام مسؤولياتها المتعلقة بحقوق الإنسان كي تدرك من الناحية النوعية ما إذا كانت تحترم هذه الحقوق، بما في ذلك الحقوق التي لم يرد ذكرها تحديدًا في هذا التوجيهات.

تدابير التخفيف من المخاطر

- تحديد **أصحاب الحقوق** المحتمل تضررهم بعمليات الشركة وشركائها التجاريين. وعمومًا، ينطوي ذلك على إجراء استعراض معمق لتقصي الحقائق في ما يخص عمليات الشركة وعلاقاتها الفعلية والمحتملة، وبعد ذلك إجراء تقييم نوعي لهذه الأنشطة بالنسبة إلى معايير حقوق الإنسان من أجل تحديد الجهات الفاعلة التي من المحتمل أن تتأثر حقوقها. ومن الضروري إجراء مشاورات استباقية مع أصحاب المصلحة المعنيين من أجل تحقيق فهم كامل لجميع الآثار الضارة المحتملة الناتجة عن أنشطة الشركة وعلاقاتها.[27]
- بذل **العناية الواجبة بشأن حقوق الإنسان** عن طريق تقييم الآثار الفعلية والمحتملة على حقوق الإنسان،[28] وإدماج النتائج والتصرف بناء عليها، وتتبع الاستجابات، والإبلاغ عن كيفية معالجتها. وتشكل العناية الواجبة بشأن حقوق الإنسان عملية مستمرة، مع إدراك أن المخاطر التي تطال حقوق الإنسان قد تتغير مع مرور الزمن وتطور الأنشطة وسياق العمل.[29]
- ضمان **معاملة جميع أصحاب المصلحة المعنيين معاملة عادلة،** لا سيما الفئات الضعيفة مثل النساء والشباب والأقليات، مع مراعاة ظروف وعقبات واحتياجات كل منهم.[30]
- الاعتراف بالدور الحيوي الذي تؤديه المرأة في مجال الزراعة، واتخاذ الإجراءات المناسبة للقضاء على التمييز ضدها والمساعدة على ضمان تطورها وتقدمها بشكل كامل في المجال المهني،[31] بما في ذلك عن طريق تسهيل المعاملة العادلة في الوصول والإشراف على الموارد الطبيعية والمدخلات والأدوات الإنتاجية والخدمات الاستشارية والمالية والتدريب والأسواق والمعلومات.[32]

3- حقوق العمل

المخاطر

يمكن للشركات أن تحقق فوائد كبيرة للبلدان والمجتمعات المستضيفة من خلال المساهمة في الرفاه الاقتصادي والاجتماعي بتحسين مستويات المعيشة وخلق فرص عمل مغرية، ومن خلال تسهيل التمتع بحقوق الإنسان وحقوق العمل. وفضلًا عن ضمان معايير العمل الأساسية للعمال، يمكن للشركات أن تساعد في تحسين ظروف عمل العمال غير الرسميين، بما في ذلك في مزارع الكفاف.

وتعترف الدول الأطراف في العهد الدولي الخاص بالحقوق الاقتصادية والاجتماعية والثقافية بالحق في التمتع بشروط عمل عادلة ومرضية (المادة 7) والحق في تشكيل نقابات (المادة 8). ويحمي كذلك العهد الدولي الخاص بالحقوق المدنية والسياسية الحق في تشكيل النقابات والانضمام إليها. وتتناول كذلك اتفاقيات العمل الدولية[33] الحقوق المتعلقة بالعمل.[34] وفي حين أن معاهدات حقوق الإنسان موجهة إلى الدول، مثل العهد الدولي الخاص بالحقوق الاقتصادية والاجتماعية والثقافية والعهد الدولي الخاص بالحقوق المدنية والسياسية، قد تؤثر الشركات سلبًا على التمتع بالحقوق التي تنص عليها هذه المعاهدات. وبالتالي، فإن الشركات لها دور مهم تؤديه في دعم الإعمال التدريجي لهذه الحقوق. ويمكن لاحترام حقوق العمل الواردة في هذه الاتفاقيات، بما في ذلك الاتفاقيات الأساسية الثماني لمنظمة العمل الدولية، أن يساعد الشركات على الحد من الآثار الضارة إلى الحد الأدنى وزيادة الآثار الإيجابية إلى الحد الأقصى. وعلى سبيل المثال، فإن إقامة حوار حقيقي مع ممثلي العمال الذين يتم اختيارهم بحرية يمكّن العمال وأصحاب العمل من فهم تحديات بعضهم البعض بشكل أفضل، ويمكّن كذلك من إيجاد طرق لحل هذه التحديات (منظمة العمل الدولية، 2006).

ومع ذلك، فإن احترام حقوق العمل في القطاع الزراعي قد يشكل تحديًا، نظرًا إلى أن العمالة المستقلة والعمالة مقابل أجر على السواء تبقيان في كثير من الأحيان غير نظاميتين، وأن العديد من العمال الزراعيين يُستثنون من نطاق قوانين العمل (الأمم المتحدة، 2009). ويعمل في مجال الزراعة 60 في المائة من العمال الأطفال الذين تتراوح أعمارهم بين 5 إلى 17 سنة (منظمة العمل الدولية، 2011أ). وتشكل ظروف العمل والمعيشة للعاملين في الزراعة مصدر قلق مستمر، ولا سيما اختبار الحمل الإجباري، وعبودية الدين، والمخاطر الصحية المرتبطة بسوء استخدام المبيدات على نطاق واسع (الأمم المتحدة، 2009).

وكثيرًا ما تواجه الفئات المهمشة ظروف عمل مجحفة أو غير صحية، مثل النساء والشباب والعمال من الشعوب الأصلية والعمال المهاجرين والعمال الموظفين على أساس عرضي أو موسمي أو بالقطعة والعمال غير النظاميين (الأمم المتحدة، 2009). وينطوي وضع المرأة على مخاطر محددة. ففي البلدان النامية، تتكون نسبة 43 في المائة من القوة العاملة الزراعية من النساء، لكن الصناعات الزراعية تميل إلى اعتبار المهام التي تقوم بها النساء على أنها مهام لا تتطلب مهارات وتوظّف النساء للقيام بمهام كثيفة العمالة وتدفع لهن أجورًا أقل من أجور الرجال، إضافة إلى قلة فرص التطور المهني (منظمة العمل الدولية، 2011ب).

وقد تؤدي انتهاكات حقوق العمل الأساسية إلى تفاقم التوترات الاجتماعية المدمرة التي يمكن أن تؤثر بدورها على أداء الشركة. وتحد الشركة التي تستخدم الممارسات التمييزية في التوظيف والمهنة من إمكانية وصولها إلى مجموعة أوسع من المهارات والكفاءات. ويحتمل أن يؤثر على أداء العمال الإحساس بالظلم والاستياء الناتجين عن التمييز (منظمة العمل الدولية، 2008).

تدابير التخفيف من المخاطر[35]

حماية العمّال

- الاسترشاد في جميع العمليات بمبدأ تكافؤ الفرص والمساواة في المعاملة في ما يخص التوظيف، وعدم التمييز بحق العمال من حيث الوظائف أو المهن على أساس العرق أو اللون أو التوجه الجنسي أو الهوية الجنسانية أو الدين أو الرأي السياسي أو الانتماء القومي أو المنشأ الاجتماعي أو على أي أساس آخر، ما لم تكن عملية الانتقاء المتعلقة بخصائص العمال تتبع سياسات حكومية راسخة تعزز على وجه التحديد زيادة المساواة في فرص التوظيف أو تتعلق بالمتطلبات الأساسية لوظيفة ما؛ وجعل المؤهلات والمهارات والخبرات أساسًا للتعيين والتثبيت والتدريب والترقية بالنسبة إلى الموظفين على المستويات كافة.[36]

- احترام الحد الأدنى لسن القبول في وظيفة أو عمل من أجل ضمان الإلغاء الفعال لعمل الأطفال.[37]
- الامتناع عن استخدام **العمل الجبري** أو الاستفادة منه، الذي يشمل أي عمل أو خدمة لا تؤدى طوعًا وتُفرض عنوة على الفرد تحت التهديد بالقوة أو العقوبة.
- مراقبة سلسلة الإمداد الأولية بشكل مستمرّ من أجل تحديد أي تغييرات ملحوظة أو مخاطر أو حوادث جديدة تتعلق بعمل الأطفال و/أو العمل الجبري، والعمل مع الموردين الأوليين من أجل إتاحة الانتصاف بشأن ما سبق واتخاذ إجراءات تصحيحية.[38]

ظروف العمل اللائقة

- مراعاة **معايير** للتوظيف والعلاقات الصناعية لا تقل في ملاءمتها عن تلك التي يراعيها أصحاب العمل المماثلون. وفي حالة عدم وجود أصحاب عمل مماثلين في البلد الذي تعمل فيه الشركة، توفير أفضل ما يمكن من أجور واستحقاقات وظروف عمل في إطار السياسات الحكومية. وينبغي أن تكون كافية على الأقل من أجل تلبية الاحتياجات الأساسية للعمال وأسرهم.[39]
- السعي إلى توفير **الوظائف المستقرة** للعمال، ومراعاة الالتزامات التي تم التفاوض بشأنها بحرية في ما يتعلق بالوظائف الثابتة والضمان الاجتماعي.[40]
- عند النظر في التغييرات الحاصلة في العمليات التي قد تكون لها آثار كبيرة على الوظائف، توجيه **إبلاغ معقول** بهذه التغييرات إلى ممثلي العمال، وعند الاقتضاء، إلى السلطات الحكومية المعنية، والتعاون معهم للتخفيف من الآثار الضارة إلى أقصى قدر ممكن.[41]

تمثيل العمال والمساومة الجماعية

- الاعتراف بأهمية وجود **مناخ من التفاهم والثقة المتبادلين** يلائم تطلعات العمال.[42]
- الاعتراف بأن العمال لديهم الحق، دون تمييز بأي شكل من الأشكال، في **إنشاء منظمات** من اختيارهم **والانضمام إليها**، دون الحصول على تصريح مسبق.
- إنشاء أنظمة **للتشاور** والتعاون على نحو منتظم بين أصحاب العمل والعمال وممثليهم بشأن الشواغل المتبادلة، وكذلك مع السلطات المختصة من أجل ضمان الالتزام بالسياسات الوطنية للتنمية الاجتماعية.
- إنشاء أنظمة لتوفير **معلومات** منتظمة إلى العمال وممثليهم بغية دعم المفاوضات الهادفة بشأن ظروف التوظيف، وتمكينهم من الحصول على نظرة حقيقية وعادلة عن أداء الشركة.[43]
- الامتناع عن اتخاذ إجراءات **تمييزية** أو تأديبية بحق العمال الذين يوجهون إبلاغات عن حسن نية إلى الإدارة أو، حسب الاقتضاء، إلى السلطات العامة المختصة بشأن ممارسات تخالف القانون أو المبادئ التوجيهية أو سياسات الشركة.
- عدم التهديد **بنقل** الوحدة التشغيلية بكاملها أو جزء منها من البلد المعني، أو بنقل عمال من الكيانات المكوّنة في البلدان الأخرى، من أجل فرض تأثير غير عادل في المفاوضات مع ممثلي العمال أو من أجل إعاقة ممارسة حق العمال في التنظيم.
- عدم الانتقام من ممثلي العمال، أو التدخل في شؤونهم أو **التمييز بحقهم.**[44]
- تمكين ممثلي العمال المصرح لهم من التفاوض بشأن **المساومة الجماعية أو العلاقات بين العمال والإدارة.**
- إدراج أحكام في الاتفاقات الجماعية من أجل تسوية النزاعات الناتجة عن تفسير الاتفاقات أو تطبيقها من أجل ضمان احترام الحقوق والمسؤوليات بشكل متبادل.[45]

التوظيف المحلي

- توظيف **العمال المحليين**، إلى أقصى قدر ممكن ودون تمييز، بما في ذلك في المناصب الإدارية، وتوفير التدريب بهدف تحسين مستوى المهارات بالتعاون مع ممثلي العمال، وعند الاقتضاء، مع السلطات الحكومية المعنية.[46]

التدريب

- ضمان توفير التدريب **المناسب** للعمال على جميع المستويات من أجل تلبية احتياجات العمليات والقيام بذلك، عند الاقتضاء، بالتعاون مع السلطات الحكومية ذات الصلة ومنظمات أصحاب العمل والعمال. وينبغي لهذا التدريب، قدر الإمكان، أن يؤدي إلى تنمية المهارات المفيدة بشكل عام وأن يعزز الفرص الوظيفية.
- عند العمل في البلدان النامية، المشاركة في البرامج التي تشجع عليها الحكومات وتدعمها منظمات أصحاب العمل والعمال، التي تهدف إلى تشجيع **اكتساب المهارات** وصقلها وتوفير التوجيه المهني.[47]
- توفير ما هو ملائم من تدريب وتعليم وبرامج لتوجيه **الشباب** من أجل زيادة قدراتهم و/أو فرص وصولهم إلى العمل اللائق وريادة الأعمال، وتعزيز حصول النساء على التدريب.[48]
- حيثما أمكن، إتاحة **خدمات موظفين ماهرين من أصحاب الموارد** من أجل المساعدة في برامج التدريب التي تنظمها الحكومات كجزء من المساهمة في التنمية الوطنية.[49]

4- الصحة والسلامة

المخاطر

كثيرًا ما تشتمل الأنشطة الزراعية على بعض من أكثر الأنشطة خطورة بالنسبة إلى العمال، إذ يعاني العديد من العمال الزراعيين من الحوادث والأمراض المهنية. وإن التعرض للأحوال الجوية السيئة والاتصال الوثيق بالحيوانات والنباتات الخطيرة والاستخدام المفرط للمواد الكيميائية وشروط العمل الصعبة وساعات العمل الطويلة واستخدام الأدوات والآلات الخطرة، تؤدي جميعها إلى مشاكل صحية (المعهد الدولي لبحوث السياسات الغذائية، 2006). على سبيل المثال، يتراوح العدد التقديري لحالات التسمم بالمبيدات بين 2 و5 ملايين حالة سنويًا، فيما تبلغ حالات الوفاة بينها 000 40 حالة (منظمة العمل الدولية، 2005 و2011ب). وما قد يؤدي إلى زيادة الضعف وحدوث آثار تتعلق بسلامة المجتمعات هو إحداث تغييرات في استخدام الأراضي أو فقدان المناطق العازلة الطبيعية، مثل الأراضي الرطبة والمانغروف وغابات المناطق المرتفعة التي تخفف من آثار الكوارث الطبيعية (الفيضانات وانزلاقات التربة والحرائق)، أو تناقص الموارد الطبيعية أو تدهورها، بما في ذلك انخفاض نوعية المياه العذبة وكميتها ووفرتها (مؤسسة التمويل الدولية، 2012).

وقد تتعرض صحة الإنسان إلى الخطر بسبب المستويات غير الآمنة من المخاطر البيولوجية والكيميائية والمادية الموجودة في الأغذية. وتنشأ هذه المخاطر من البيئة (مثل المعادن السامة، والديوكسينات، والسموم التي تحدث بصورة طبيعية) ومن الممارسات الزراعية (مثل مخلفات الأدوية البيطرية والمبيدات) أو من سوء معالجة المنتجات (مثلًا العفن الممرض). وتتضمن المخاطر المادية القذارة أو الآفات أو الشعر أو البلاستيك. ومن الممكن لأنظمة إدارة سلامة الأغذية أن تقي من هذه المخاطر، بما في ذلك نظام المراقبة الكامل "من المزرعة إلى المائدة" الذي يدرج تدابير الأمن الأحيائي واستخدام المياه الآمنة.

وترتبط صحة الإنسان كذلك ارتباطًا وثيقًا بصحة الحيوان. ويقوم مفهوم "الصحة الواحدة" على أساس التوعية بالفرص الرئيسية التي توجد لحماية الصحة العامة عن طريق السياسات التي تهدف إلى الوقاية من مسببات الأمراض والسيطرة عليها على مستوى مجموعات الحيوانات وفي واجهات التفاعل بين الإنسان والحيوان والبيئة. وقد حظي

هذا المفهوم بموافقة العديد من الحكومات، وأدى إلى اتخاذ تدابير تهدف إلى الوقاية من الأمراض التي تصيب الإنسان والحيوان على السواء، وضمان الاستخدام المسؤول للمضادات الحيوية بالنسبة إلى كليهما.[50] و60 في المائة من مسببات الأمراض المعدية لدى الإنسان هي حيوانية المصدر. ويمكن أن تنتقل هذه الأمراض، المعروفة باسم الأمراض الحيوانية المصدر، عن طريق حيوانات المزارع والحيوانات البرية. وتشكل الأمراض الحيوانية التي تنتقل إلى الإنسان خطرًا على الصحة العامة في جميع أنحاء العالم. ويكمن الحل الفعال والاقتصادي لحماية الإنسان في مكافحة جميع مسببات الأمراض الحيوانية المصدر عن طريق السيطرة عليها لدى الحيوانات.

وينص العهد الدولي الخاص بالحقوق الاقتصادية والاجتماعية والثقافية على الإعمال التدريجي لحق التمتع بأعلى مستوى ممكن من الصحة البدنية والعقلية (المادة 12). وتفسر اللجنة المعنية بالحقوق الاقتصادية والاجتماعية والثقافية[51] هذا الحق على أنه "حق شامل لا يقتصر على تقديم الرعاية الصحية المناسبة وفي حينها فحسب، بل يشمل أيضًا المقومات الأساسية للصحة مثل الحصول على مياه الشرب المأمونة والإصحاح المناسب، والإمداد الكافي بالغذاء الآمن والتغذية والمسكن، وظروف صحية للعمل والبيئة، والحصول على التوعية والمعلومات". وتشير اللجنة إلى أن "الحق في الصحة، مثله في ذلك مثل جميع حقوق الإنسان، يفرض ثلاثة أنواع أو مستويات من الالتزامات على الدول الأطراف: الالتزامات إزاء الاحترام والحماية والإعمال. ويشتمل الالتزام بالإعمال في المقابل على التزامات بالتسهيل والتوفير والتعزيز".[52]

وفي حين أن معاهدات حقوق الإنسان موجهة إلى الدول، مثل العهد الدولي الخاص بالحقوق الاقتصادية والاجتماعية والثقافية والعهد الدولي الخاص بالحقوق المدنية والسياسية، قد تؤثر الشركات سلبًا على الإعمال التدريجي لحق التمتع بأعلى مستوى ممكن من الصحة البدنية والعقلية، أو قد تقوض إجراءات الدول الأعضاء من أجل الإعمال التدريجي لهذا الحق. وبالتالي، تضطلع الشركات بدور هام في دعم الإعمال التدريجي لهذا الحق. وإضافة إلى المخاطر المباشرة على الصحة المذكورة بالتفصيل أعلاه، قد تؤثر العمليات الزراعية والنظم الغذائية على صحة الأفراد بشكل غير مباشر.

تدابير التخفيف من المخاطر [53]

- تقييم **المخاطر** والآثار على صحة المجتمعات المتضررة وسلامتها في جميع العمليات.
- إرساء **تدابير الوقاية والرقابة** التي تتماشى مع الممارسات الدولية الجيدة الخاصة بالقطاع،[54] وجعلها تتناسب مع طبيعة وحجم المخاطر والآثار المحددة، فضلًا عن محاولة تجنب المخاطر والآثار والتقليل منها إلى الحد الأدنى عند عدم النجاح في تجنبها.
- التجنب أو التقليل إلى الحد الأدنى من تعرض العمال والأطراف الثالثة والمجتمعات **للمكونات والمواد الخطرة** التي قد تنتج عن العمليات، بما في ذلك عن طريق التعديل أو الاستعاضة أو الإزالة للحالة أو المادة التي تسبب المخاطر المحتملة، وعن طريق بذل جهود معقولة لمراقبة سلامة شحن المواد والنفايات الخطرة ونقلها والتخلص منها.
- التجنب أو التقليل إلى الحد الأدنى من احتمال تعرض المجتمع لما ينتج عن العمليات من **أمراض** منقولة بواسطة المياه وموجودة فيها ومتعلقة بها ومحمولة بواسطة النواقل والأمراض السارية، مع مراعاة التعرض المختلف والحساسية العالية لدى الفئات الضعيفة.
- المساعدة والتعاون مع المجتمعات المتضررة والوكالات الحكومية المحلية والأطراف الأخرى ذات الصلة في عمليات الاستعداد للاستجابة بفعالية **لحالات الطوارئ**، لا سيما عندما تكون مشاركتها وتعاونها ضروريين للاستجابة إلى هذه الحالات الطارئة.[55]
- النظر في إمكانية مراعاة **معايير سلامة الأغذية** العالمية، مثل الدستور الغذائي[56] والمعايير العالمية لصحة الحيوان، من قبيل معايير المنظمة العالمية لصحة الحيوان.[57]

- تعزيز قابلية التتبع من أجل ضمان سلامة الأغذية، وكذلك من أجل تسهيل الإدارة الاجتماعية والبيئية وزيادة الثقة.[58]

5- الأمن الغذائي والتغذية

المخاطر

بموجب العهد الدولي الخاص بالحقوق الاقتصادية والاجتماعية والثقافية (المادة 11)، يعدّ الغذاء الكافي جزءًا من الحق في مستوى معيشي كافٍ.[59] وتتعهد الدول الأطراف في هذا العهد باتخاذ خطوات للإعمال التدريجي للحق في مستوى معيشي كافٍ، بما في ذلك الغذاء الكافي. ويعترف العهد كذلك بالحق الأساسي لكل فرد في التحرر من الجوع. واعترافًا بهذا الحق، ينبغي للدول الأطراف أن تنظر في اتخاذ التدابير اللازمة من أجل تحسين أساليب إنتاج الأغذية وحفظها وتوزيعها، ومراعاة مشاكل البلدان المستوردة للأغذية والمصدرة لها. وقد فسرت لجنة الحقوق الاقتصادية والاجتماعية والثقافية هذه الحقوق على أنها تتحقق "عندما يتاح ماديًا واقتصاديًا لكل رجل وامرأة وطفل بمفرده أو مع غيره من الأشخاص، في جميع الأوقات، سبيل الحصول على الغذاء الكافي أو وسائل شرائه". وينص العهد على أن "الحق في الغذاء الكافي، مثل أي حق آخر من حقوق الإنسان، يفرض على الدول الأطراف ثلاثة أنواع أو مستويات من الالتزامات هي: الالتزامات بالاحترام والحماية والإعمال" وأنه "كجزء من التزاماتها بحماية قاعدة الموارد الغذائية للسكان، ينبغي للدول الأطراف أن تتخذ الخطوات المناسبة لضمان توافق أنشطة القطاع التجاري الخاص والمجتمع المدني مع الحق في الغذاء".[60]

وإن الخطوط التوجيهية الطوعية لمنظمة الأغذية والزراعة لدعم الإعمال التدريجي للحق في الغذاء الكافي في سياق الأمن الغذائي القطري توفر توجيهًا إلى الحكومات في مجال إعمال الحق في الغذاء الكافي، الذي قد يتضمن تعزيز توافر الأغذية بكمية ونوعية كافيتين لتلبية الاحتياجات الغذائية للأفراد، وإمكانية الحصول على الغذاء الكافي من الناحيتين المادية والاقتصادية، من دون مركبات غير آمنة وغير مقبولة في ثقافة معينة، أو وسائل شراء هذا الغذاء. وتحث الخطوط التوجيهية الحكومات على اتخاذ تدابير من أجل ضمان أمان جميع الأغذية المتاحة بحرية أو المباعة في الأسواق، سواء أكانت محلية أو مستوردة، وضمان تماشيها مع المعايير الوطنية لسلامة الأغذية. وتقترح أيضًا أن تُنشئ الحكومات أنظمة شاملة ومنطقية لمراقبة الأغذية تقلل خطر الأمراض المنقولة بالأغذية، باستخدام تحليل المخاطر وآليات الإشراف من أجل ضمان سلامة الأغذية في سلسلة الإمداد ككل، بما في ذلك علف الحيوانات.

ومع أن الخطوط التوجيهية الطوعية لمنظمة الأغذية والزراعة موجهة إلى الدول، إلا أنّ الشركات لها دور مهم تؤديه. فقد زادت الاستثمارات عقب الارتفاع الحاد لأسعار المواد الغذائية في عام 2008، خاصة من أجل الاستجابة للطلب على الأغذية – ويقدر أنه من الضروري زيادة الإنتاج العالمي للأغذية بنسبة 60 في المائة بحلول عام 2025 من أجل تلبية الطلب المتوقع. ومع أن هذه الاستثمارات تبشر بزيادة الإنتاج، والحد من الفقر، وتعزيز التنمية الاقتصادية، فقد تقوّض أيضًا الحصول على الغذاء بطرق مختلفة. ويمكن أن يحدث أحد أبرز الآثار الضارة نتيجة لشراء مساحات كبيرة من الأراضي والقيام، خلال العملية، بتهجير المجتمعات منها أو منع وصول هذه المجتمعات إليها (منظمة الأغذية والزراعة، 2010).

تدابير التخفيف من المخاطر

- قدر الإمكان، **مراعاة آثار** العمليات على توفر الأغذية والحصول عليها، وعلى التوظيف المحلي، والتفضيلات الغذائية، وثبات الإمدادات الغذائية، بما في ذلك عن طريق إشراك الحكومات المحلية وأصحاب المصلحة الآخرين ذوي الصلة.

- عند الاقتضاء، **تحديد الشواغل المتعلقة بالأغذية** لدى مختلف أصحاب المصلحة وتقييم الاستراتيجيات الرامية إلى تحقيق أهداف الاستثمار، مع احترام الشواغل المتعلقة بالأغذية لدى مختلف أصحاب المصلحة، وذلك بالتشاور مع أصحاب المصلحة ذوي الصلة.
- العمل، قدر الإمكان، على **تعديل** تصميم المشروع من أجل معالجة الشواغل المتعلقة بالآثار السلبية على الأمن الغذائي والتغذية، على سبيل المثال، عن طريق النظر في الاستثمارات البديلة المجدية إذا أدت الاستثمارات المقترحة إلى التهجير المادي و/أو الاقتصادي للمجتمعات المحلية، أو استصلاح الأراضي المتدهورة أو اختيار الأراضي التي لم تستخدم من قبل للزراعة ولكنها ليست حساسة بالنسبة إلى البيئة؛ أو تحسين الإنتاجية الزراعية من خلال التكثيف المستدام من أجل المساهمة في الأمن الغذائي والتغذية.
- النظر، قدر الإمكان، في إمكانية المساهمة في تحسين الحصول على الأغذية وتحسين القدرة على الصمود والتغذية[61] لدى السكان المحليين عن طريق زيادة إنتاج الأغذية الآمنة والمغذية والمتنوعة وتعزيز القيمة التغذوية للمنتجات الغذائية والزراعية، أو تسهيل الحصول على المدخلات والتكنولوجيات والأسواق، أو خلق فرص للعمل في أنشطة ما بعد الإنتاج، أو إنشاء مرافق للتخزين في المجتمع المحلي من أجل التقليل من الخسائر ما بعد الحصاد وتقلب الأسعار.[62]

6- حقوق حيازة الموارد الطبيعية والوصول إليها

المخاطر

تمثل المخاطر المتعلقة بحيازة الأراضي، التي تنشأ عندما تتداخل عدة مطالبات بالأراضي، مخاطر كبيرة من الناحية الإحصائية في الاستثمارات الخاصة بالامتيازات في الاقتصادات الناشئة (مشروع موندين، 2013). وفي الواقع، من بين 39 استثمارًا من الاستثمارات التجارية الزراعية الواسعة النطاق التي حللها البنك الدولي والأونكتاد، اعتُبرت حيازة الأراضي السبب الأكثر شيوعًا للتظلمات التي تقدمها المجتمعات المتضررة، لا سيما بسبب النزاعات على الأراضي التي تتمتع فيها المجتمعات بحقوق غير رسمية لاستخدام الأراضي، وبسبب الافتقار إلى الشفافية، خاصةً بشأن شروط حيازة الأراضي والعملية المرتبطة بها (البنك الدولي، 2014). وفي عام 2013، ذُكر موضوع الأراضي في نصف القضايا المطروحة في خطابات الشكاوى التي تلقاها المحقق لشؤون التقيد بأنظمة مؤسسة التمويل الدولية ووكالة ضمانات الاستثمارات المتعددة الأطراف (المحقق لشؤون التقيد بالأنظمة)[63]. وإضافة إلى ذلك، منذ عام 2000، كان ما يقارب ربع الحالات التي عالجها المحقق لشؤون التقيد بالأنظمة تنطوي على عنصر للأراضي وعنصر للمياه. وتؤدي زيادة الضغط على هذه الموارد إلى شواغل بشأن الوصول إليها وكميتها وإدارتها، وكثيرًا ما تتشابك الأراضي والمياه مع مدلول الثقافة والهوية. وفي الشكاوى المتعلقة بالأرض التي يتلقاها المحقق لشؤون التقيد بالأنظمة، فإن التظلمات السائدة التي يطرحها الأفراد هي حيازة الأراضي (22 في المائة)، والتعويض (33 في المائة)، وإعادة التوطين (32 في المائة) (المحقق لشؤون التقيد بالأنظمة، 2013).

وتأتي صناعة الأغذية والمشروبات في المرتبة الثانية فقط بعد صناعة التعدين في تلقيها للاتهامات من منظمات المجتمع المدني بسبب فشلها في إيلاء الاعتبار الملائم للحقوق المتعلقة بالوصول إلى الأراضي والمياه (المفوضية الأوروبية، 2011).[64] وينبغي ألّا ينظر إلى الأراضي على أنها أصل إنتاجي فقط؛ بل يجدر الاعتراف بأدوارها الاجتماعية والثقافية أيضًا. فالأرض يمكن أن تكون مصدرًا لمختلف خدمات النظام الإيكولوجي، بما في ذلك مياه الشرب والري وشبكة الأمان وضمان الشيخوخة بالنسبة إلى المزارعين. ويمكن أن تؤدي الأرض أيضًا دورًا رئيسيًا في الممارسات الاجتماعية أو الثقافية أو الدينية للشعوب الأصلية والمجتمعات المحلية.

ومع أن الدول هي المسؤولة في المقام الأول عن حماية حقوق الحيازة، ينبغي للشركات أن تراعي فرضية ألا يكون الإطار القانوني كافيًا في جميع الحالات. وفي الواقع، تشير التقديرات إلى أن 70 في المائة من وحدات ملكية الأراضي في البلدان النامية ليست مسجلة بشكل رسمي (برنامج الأمم المتحدة للمستوطنات البشرية، 2015؛ وMcDermott وآخرون، 2015). وبالتالي، ينبغي للشركات أن تضمن بشكل استباقي احترامها لحقوق الحيازة المشروعة. وعلى وجه الخصوص، ينبغي النظر في المخاطر التالية:

- تنشأ المخاطر عندما لا تنص القوانين الوطنية على المدى الكامل لحقوق الحيازة المشروعة أو عندما لا تُنفذ هذه القوانين بشكل فعال. وعلى سبيل المثال، قد تكون الأنظمة الوطنية لتمليك الأراضي وتسجيلها غير كافية، وتفشل في حماية حقوق الحيازة لمستخدمي الأراضي، خاصة النساء، وتعطي الشركات معلومات غير كاملة في ما يتعلق بالمطالبات الخاصة بالأراضي ذات الصلة. وقد تكون حقوق حيازة الأراضي أكثر تعقيدًا عندما تُستخدم الأرض بشكل موسمي فقط ويبدو أنها غير مستخدمة، على سبيل المثال إذا تخلى عنها الأشخاص النازحون داخليًا أو إذا استُخدمت للمراعي أو العلف أو الزراعة المتنقلة. وقد تستبعد الشركات بعد ذلك من المشاورات بعض أصحاب الحقوق (سواء أكانوا مجموعات أو أفرادًا لديهم حقوق تشريعية أو عرفية، أساسية أو ثانوية، رسمية أو غير رسمية) ممن قد يتأثرون بشكل سلبي بأنشطة الشركة (منظمة التعاون والتنمية في الميدان الاقتصادي، 2011).
- وقد تتزايد المخاطر إن لم تضع الدول قواعد واضحة وشفافة من أجل المشاورات بين الشركات وأصحاب المصلحة، أو ما لم تعطِ ضمانات لحماية حقوق الحيازة الحالية من المخاطر الناتجة عن المعاملات الواسعة النطاق في مجال حقوق الحيازة. وعلى وجه الخصوص، قد تكون الشركات في خطر إذا كانت القواعد الوطنية غير منفذة أو غير كافية من أجل: (1) ضمان المشاركة المناسبة وبحسن نية وبطريقة مناسبة ثقافيًا مع أصحاب حقوق الحيازة، (2) وتحديد الطرق التي سيتم في إطارها نقل الأراضي والموارد الطبيعية الأخرى واستخدامها، بما في ذلك عن طريق استخدام عمليات تقييم الأثر المستقلة والتشاركية السابقة واللاحقة، و/أو طرق الحصول على الانتصاف (الأمم المتحدة، 2009). وقد يسبب غياب الشمولية في المشاورات الخاصة بعمليات حيازة الأراضي توترات، وربما نزاعات، بين الشركات والمجتمعات التي قد تشعر أنها مستبعدة من العملية وتطعن في حقوق الشركات (منظمة الأغذية والزراعة، 2013).
- مع أن الحكومات هي المسؤولية في المقام الأول عن تقديم تعويض عاجل وكافٍ وفعال إلى أصحاب حقوق حيازة الأراضي المشروعة السابقين عند مصادرة الأراضي، تتحمل الشركات مسؤولية ضمان ألّا تؤدي عملياتها إلى إعادة توطين المجتمعات المحلية من دون إجراء مشاورات هادفة، أو إلى الإخلاء القسري من دون تعويض مناسب. ووفقًا للخطوط التوجيهية الطوعية، ينبغي ألّا تلجأ الدول إلى المصادرة إلّا عندما تكون الحقوق في الأرض مطلوبة لأغراض عامة، وينبغي للدول أن تحدّد بوضوح مفهوم الأغراض العامة في القانون من أجل إتاحة الاستعراض القضائي. ومع ذلك، فإن ما يؤدي إلى مصادرة غير القانونية في كثير من البلدان النامية هو التعريف الواسع و/أو غير الواضح للأغراض العامة، والافتقار إلى خطط لاستخدام الأراضي وارتفاع مستويات الفساد في إدارة الأراضي والمضاربة عليها. وقد تسرّع هذه المصادرة من فقدان سبل العيش في المجتمعات المحلية، أو تجعل النفاذ إلى الأراضي والموارد الطبيعية الرئيسية الأخرى محدودًا بشكل أكبر، مما يؤدي بالتالي إلى الحرمان التغذوي أو الاستقطاب الاجتماعي أو الفقر المتجذر أو عدم الاستقرار السياسي.[65] وبالتالي، قد تعيق الحصول على الغذاء الكافي. وقد تنتهك هذه المصادرة أيضًا حقوق الشعوب الأصلية على النحو المنصوص عليه في إعلان الأمم المتحدة بشأن حقوق الشعوب الأصلية. وقد تتأثر سمعة الشركات وعملياتها بشكل سلبي إذا ما ارتبطت بمصادرة لم تقم الحكومة بإجراء مشاورات مناسبة بشأنها مع

المجتمعات المحلية، أو لم تحصل على موافقتها الحرة والمسبقة والمستنيرة، أو لم تقدم التعويض الواجب. ومن المحتمل أن يتسبب ذلك بتوترات ونزاعات بين الشركات والمجتمعات التي تشعر بأنها مستبعدة أو تحظى بمعاملة غير عادلة (منظمة الأغذية والزراعة، 2013). وينبغي للشركات في هذه الحالات أن تنظر في خيارات الانسحاب من العمليات المخطط لها.

ويتوقف مستوى مخاطر حيازة الأراضي على نوع الاستثمارات. وبالنسبة إلى الاستثمارات الجديدة، ينبغي بذل العناية الواجبة المعمّقة من أجل ضمان عدم مصادرة أراضي المجتمعات لأغراض خاصة ودون حصولها على تعويض عادل عاجل. وفي حالة الاستثمارات الموجودة بالفعل، والمشاريع التجارية المشتركة، وعمليات الدمج والاستحواذ، يمكن أن يكون المشغلون السابقون قد حصلوا على حقوق حيازة الأراضي وقد تكون النزاعات على هذه الأراضي متوارثة. ونتيجة لذلك، ينبغي أن تضمن العناية الواجبة أن تحترم حيازة هذه الحقوق المعايير المنصوص عليها في هذه التوجيهات، خاصة وأنه قد تمّت المصادقة على الخطوط التوجيهية الطوعية في عام 2012 فقط. ويوفر الاستثمار في المشاريع القائمة فرصة للشركات من أجل ضمان الحيازة السليمة لحقوق حيازة الأراضي، وإذا لم تكن الحالة كذلك، فإنه يوفر فرصة لإيجاد طرق للتعويض على أصحاب المصلحة المتضررين والعمل من جديد مع المجتمعات المحلية لاستكشاف نماذج شراكة جديدة.

تدابير التخفيف من المخاطر

- **تحديد أصحاب الحقوق** – لا يتوقف ذلك على أصحاب حقوق الحيازة المعترف بها رسميًا فحسب، بل يشمل كذلك أصحاب حقوق الحيازة العامة والخاصة والمشتركة والجماعية والمحلية والعرفية التي قد لا تكون مسجلة ومملوكة بشكل رسمي، بما في ذلك حقوق الحيازة الخاصة بالمرأة – وأصحاب المصلحة الآخرين، بسبل منها المشاورات المحلية والمفتوحة.[66]
- **تأسيس لجنة** تمثل أصحاب المصلحة ذوي الصلة من أجل إسداء المشورة بشأن عمليات تقييم الآثار، لا سيما بشأن المراحل الأولية (الفحص وتحديد النطاق) وخطط الإدارة والمراقبة والطوارئ. وينبغي إيلاء اعتبار خاص لضمان التمثيل الكافي للشعوب الأصلية والمجتمعات المحلية والفئات المهمشة.[67]
- النظر في استثمارات بديلة مجدية إذا كانت الاستثمارات المقترحة تؤدي إلى التهجير **المادي و/أو الاقتصادي** للمجتمعات المحلية، مع الاعتراف بوجوب ألّا تلجأ الدول إلى المصادرة إلّا إذا كانت الحقوق في الأراضي أو مصايد الأسماك أو الغابات مطلوبة لأغراض عامة، وأنه ينبغي للدول أن تحدد مفهوم الأغراض العامة في القانون بشكل واضح.[68]
- عندما يتأثر أصحاب حقوق الحيازة سلبًا بالعمليات، العمل مع الحكومة على ضمان تلقي أصحاب حقوق الحيازة **تعويضًا** عادلًا وعاجلًا ومناسبًا عن حقوق الحيازة التي تأثرت سلبًا بالعمليات، وذلك عن طريق ما يلي:
  - عقد مشاورات فعالة وهادفة وبحسن نية بشأن التعويض الممنوح، وضمان تطبيق معايير التعويض باتساق وشفافية.
  - إعطاء الأفضلية للتعويض القائم على الأرض الذي يتناسب مع الجودة والحجم والقيمة، أو تقديم تعويض عن كلفة الاستبدال الكامل للأصول المفقودة – بما في ذلك الأصول من غير الأراضي (المحاصيل، والموارد المائية، والري، والبنية التحتية، وتحسينات الأراضي) – أو تقديم أوجه أخرى من المساعدة لإعانة أصحاب الحقوق على تحسين أو استعادة مستوى المعيشة أو سبل العيش.
  - مراقبة تنفيذ اتفاقات التعويض.[69]

65 المسؤولة الزراعية الإمدادات سلاسل بشأن والزراعة الأغذية ومنظمة الاقتصادي الميدان في والتنمية التعاون منظمة توجيهات 2021 © OECD, FAO

- عندما تكون قدرة الحكومة محدودة، القيام بدور فعال في التخطيط والتنفيذ والمراقبة في ما يخص إعادة الإسكان.[70]

7- الرفق بالحيوان

المخاطر

قد تنشأ مخاطر كبيرة تتعلق بالرفق بالحيوان في سلاسل الإمدادات الزراعية. ويمكن أن ترتبط هذه المخاطر بالمساحة المحدودة في المرابط الفردية التي تقيّد حركة الحيوانات، وارتفاع كثافات تكوين الأرصدة في الجماعات مما يزيد احتمال انتقال الأمراض والتواصل المؤذي بين الحيوانات الأخرى، والبيئات القاحلة/غير المتغيرة التي تؤدي إلى مشاكل سلوكية، ونُظم إطعام الحيوانات التي لا تسدّ جوعها، وإجراءات التربية الضارة التي تسبب الآلام، والتكاثر من أجل صفات الإنتاج الذي يزيد من حدة الاضطرابات البنيوية والأيضية. وقد تؤدي المدخلات غير الملائمة من قبل مربي المواشي ذوي المعارف والمهارات إلى زيادة هذه المخاطر (مؤسسة التمويل الدولية، 2014).

وقد يكون تحسين الرفق بالحيوان مفيدًا للأعمال التجارية. ويعتبر المرض مثالًا جيدًا على تهديد مشترك لرعاية الحيوان واستدامة الأعمال التجارية. وتشير تقديرات المنظمة العالمية لصحة الحيوان إلى أن الاعتلال والنفوق الناجمين عن أمراض الحيوانات تسبب خسارة قدرها 20 في المائة على الأقل في إنتاج الماشية عالميًا – وهي خسارة تمثل على الأقل 60 مليون طن من اللحوم و150 مليون طن من الحليب بقيمة تقارب 300 مليار دولار أمريكي في السنة. وإضافة إلى ذلك، فإن الثراء في أجزاء كثيرة من العالم يزيد من خيارات المستهلك ويرفع التطلعات المتعلقة بمعايير إنتاج الأغذية. وخلصت الدراسات الاستقصائية في أوروبا وأمريكا الشمالية إلى أن أغلبية المستهلكين يهتمون بالرفق بالحيوان ويبلغون عن استعدادهم لدفع مبلغ أكبر بكثير من أجل المنتجات الحيوانية التي يرون أنها تأتي من حيوانات المزارع التي تمت تربيتها بإنسانية (مؤسسة التمويل الدولية، 2014).

وتندر الإشارة إلى الرفق بالحيوانات في المعايير والمبادئ الدولية. وأكثر المبادئ التوجيهية شمولًا هي تلك التي وضعتها المنظمة العالمية لصحة الحيوان. وفي عام 2008، اعتمد أعضاء المنظمة العالمية لصحة الحيوان تعريفًا للرفق بالحيوان من أجل توضيح ما ينطوي عليه بالفعل على المستوى العالمي.[71] ويمكن أن يتعرض الرفق بالحيوان للخطر في المزارع من أي حجم عندما تكون الظروف و/أو الإدارة غير ملائمة (الجمعية الملكية لمنع الوحشية تجاه الحيوانات، 2014).

وتتناول المعايير التسعة للمنظمة العالمية لصحة الحيوان تحديات خاصة تتعلق بالرعاية، بما في ذلك نقل الحيوانات وذبحها وأنظمة إنتاج المواشي والدواجن ومراقبة مجموعات الكلاب الضالة واستخدام الحيوانات في البحوث. وتقوم هذه المعايير على أدلة علمية ومبادئ أساسية بشأن الرفق بالحيوان تعرف باسم "الحريات الخمس" وهي: التحرر من الجوع والعطش وسوء التغذية، وانعدام الراحة الجسدية والدفء، والألم، والإصابة والمرض، والخوف والتوتر، وكذلك إعطاء الحيوان حرية التعبير عن أنماط السلوك الطبيعية.[72] وأعطت وزارة البيئة والأغذية والشؤون الريفية في المملكة المتحدة مثالًا على الممارسة الجيدة عن طريق وضع هذه الحريات الخمس. وعلى النحو المذكور في مقدمة الممارسات الموصى بها من أجل رعاية المواشي الصادرة عن الوزارة، ينبغي للشركات التي تعمل في الإنتاج الحيواني أن تُظهر ما يلي: العناية والمسؤولية في التخطيط والإدارة؛ واعتماد ممارسة لتربية المواشي تتحلى بالمهارة والمعرفة والوعي؛ والتصميم البيئي مناسب؛ ومراعاة الحيوان في المناولة والنقل، وذبح الحيوانات بطريقة إنسانية (وزارة البيئة والأغذية والشؤون الريفية، 2003).

وإضافة إلى معايير المنظمة العالمية لصحة الحيوان، اعتمد الاتحاد الأوروبي مجموعة مفصّلة من التشريعات الخاصة بالرفق بالحيوان، كما تعترف المادة 13 من المعاهدة المنظِّمة لعمل الاتحاد الأوروبي بأن الحيوانات "كائنات حية".[73] ومع أن معظم قواعد الاتحاد الأوروبي بشأن رعاية الحيوان تنطبق على منتجي الاتحاد الأوروبي فقط، يُطلب من البلدان الثالثة التي تود أن تصدّر اللحم إلى الاتحاد الأوروبي أن تضع معايير مكافئة لمعايير الاتحاد الأوروبي بشأن الرفق بالحيوان عند ذبحه. وعلاوة على ذلك، يعمل الاتحاد الأوروبي على تحقيق توافق في المعايير الدولية بشأن الرفق بالحيوان عن طريق اتفاقات التجارة العالمية. وقد وضعت الشركات والحكومات ومنظمات المجتمع المدني مزيدًا من المعايير ومخططات لإصدار الشهادات في ما يخص الرفق بالحيوان.[74]

تدابير التخفيف من المخاطر

- تقييم الآثار الفعلية والمحتملة على الرفق بالحيوان، وذلك باستخدام إطار **"الحريات الخمس".**
- ضمان أن تتيح البيئة **المادية** الراحة والحركة الآمنة والمريحة، بما في ذلك التغييرات العادية في الوضعية، وفرص اتباع أنماط السلوك الطبيعية التي يجري تحفيز الحيوانات على القيام بها.
- ضمان حصول الحيوانات **على ما يكفي من الأعلاف والمياه**، بما يتناسب مع عمرها واحتياجاتها، من أجل الحفاظ على الصحة والإنتاج الطبيعيين والوقاية من الجوع والعطش وسوء التغذية والجفاف.
- وفي حال تعذّر تجنب الإجراءات **المؤلمة**، إدارة الألم الناتج عن ذلك بالقدر الذي تسمح به الطرق المتاحة.
- ضمان أن عزز **مناولة الحيوانات** علاقة إيجابية بين الإنسان والحيوان وألا تتسبب بإصابة أو هلع أو خوف دائم أو إجهاد يمكن تجنبه.
- استخدام **سلالات الماشية** المناسبة للبيئة والظروف كي يتسنى تربيتها من دون التسبب بأمراض تأثر على الإنتاج أو مشاكل أخرى متأصلة.[75]

8- حماية البيئة والاستخدام المستدام للموارد الطبيعية

المخاطر

يمكن للأنشطة الزراعية أن تعمم ممارسات مراعية للبيئة من شأنها أن تعزز خدمات النظام الإيكولوجي، ولا سيما من خلال استخدام تقنيات إدارة الأراضي التي تحافظ على التربة والرطوبة وتحمي مستجمعات المياه وتستعيد الغطاء النباتي والموائل وتحافظ على التنوع البيولوجي. ومع ذلك، فإن الاستثمارات الزراعية التي تهدف إلى زيادة الإنتاج الزراعي على المدى القصير قد تؤدي أيضًا إلى تدهور النظام الإيكولوجي على المدى الطويل، بما في ذلك تدهور الأراضي واستنزاف الموارد المائية وحدوث خسائر في الغابات الأصلية والتنوع البيولوجي الأصلي. وتشير التقديرات إلى أن السبب في 55-80 في المائة من الخسائر الحرجية العالمية يعود إلى تحويل الأراضي للاستخدام الزراعي (برنامج الأمم المتحدة للبيئة، 2015). وأكثر القضايا الناشئة شيوعًا بين 39 استثمارًا حللها البنك الدولي والأونكتاد في عام 2014 كانت تتعلق باستخدام المواد الكيميائية الزراعية، مثل تلوث المياه وانجراف المواد الكيميائية والرش الجوي. وإضافة إلى ذلك، يمكن أن تولد الأنشطة الزراعية آثارًا خارجية تحدث بعيدًا عن موقع العمليات ولكنها ترتبط بها بشكل مباشر، بما في ذلك انبعاثات غازات الدفيئة أو الآثار على مستجمعات المياه أو إزالة الغابات (منظمة الأغذية والزراعة، 2010).

وقد يكون السبب في الآثار البيئية الضارة عدم وجود تقييم سليم للأثر البيئي قبل الاستثمار وعدم وجود نظام فعال للإدارة البيئية أثناء تنفيذه (منظمة الأغذية والزراعة، 2011).

وكثيرًا ما كانت جودة هذه التقييمات وشموليتها وإتاحتها للجمهور موضع نقد للاستثمارات الواسعة النطاق (منظمة الأغذية والزراعة، 2010). وتشتد المخاطر عندما لا تكون الأدلة العلمية كافية لتقييم الآثار الضارة بشكل كامل. وتزداد المخاطر على نحو سريع بالنسبة إلى الشركات مع تطور المعايير الدولية بشأن الاستخدام الفعال للموارد وإعادة تدويرها، وخفض الانبعاثات، واستبدال المواد السامة أو الحد من استخدامها، والحفاظ على التنوع البيولوجي (منظمة التعاون والتنمية في الميدان الاقتصادي، 2011؛ ومؤسسة التمويل الدولية، 2012).

تدابير التخفيف من المخاطر

- إنشاء وتحديث نظام **للإدارة البيئية** يناسب خصائص الشركة، بما في ذلك جمع وتقييم المعلومات الكافية وفي حينها بشأن ما ينتج عن أنشطة الشركة من آثار على البيئة والصحة والسلامة؛ ووضع أهداف قابلة للقياس، وعند الاقتضاء، وضع غايات لتحسين الأداء البيئي واستخدام الموارد، بما في ذلك عن طريق وضع خطة إدارة متكاملة للآفات و/أو الأسمدة،[76] والمراقبة والتحقق بانتظام من التقدم نحو تحقيق الأهداف والمقاصد المتعلقة بالبيئة والصحة والسلامة.[77]

- اتخاذ إجراءات لمراقبة فعالية نظام الإدارة البيئية وقياسها. والتعاون لوضع ومراقبة تدابير التخفيف عندما تضطلع الحكومة أو طرف ثالث بمسؤولية إدارة المخاطر والآثار البيئية المحددة وتدابير التخفيف المرتبطة بها. وعند الاقتضاء، النظر في إمكانية إشراك ممثلين من المجتمعات المتضررة في أنشطة المراقبة.[78]

- معالجة الآثار المتوقعة البيئية والصحية والمتعلقة بالسلامة، التي ترتبط بعمليات الشركة وسلعها وخدماتها على امتداد دورة حياتها الكاملة، وذلك بهدف تجنبها أو التخفيف منها عندما لا يتسنى تجنبها. وإعداد تقييم مناسب للأثر البيئي عندما تكون للأنشطة المقترحة آثار بيئية أو صحية أو متعلقة بالسلامة وتخضع لقرار من سلطة مختصة.[79]

- عندما يكون هناك خطر بإيقاع ضرر على البيئة، تجنب الإشارة إلى **انعدام الأدلة العلمية الكاملة** كسبب لتأجيل اتخاذ تدابير فعالة من حيث الكلفة للوقاية من هذا الضرر أو التقليل منه إلى الحد الأدنى، بما يتماشى مع الفهم العلمي والفني للمخاطر، ومع مراعاة المخاطر على صحة الإنسان وسلامته.[80]

- الحفاظ على خطط الطوارئ للوقاية مما ينجم عن العمليات من ضرر بيئي وصحي جسيم والتخفيف من هذا الضرر ومراقبته، بما في ذلك الحوادث والطوارئ، وعند الاقتضاء، المساعدة والتعاون مع المجتمعات التي يحتمل أن يصيبها الضرر والوكالات الحكومية المحلية من أجل الاستجابة بفعالية لحالات الطوارئ، بما في ذلك عن طريق إعداد آليات لإبلاغ السلطات المختصة بشكل فوري.[81]

- مراعاة الشواغل المتعلقة بالكلفة والسرية التجارية وحماية حقوق الملكية الفكرية، وتزويد الجمهور والعاملين بمعلومات كافية وقابلة للقياس وفي حينها بشأن الآثار المحتملة لأنشطة الشركة على البيئة والصحة والسلامة، والانخراط في تواصل ومشاورة كافيين وفي الوقت المناسب مع المجتمعات المتضررة بشكل مباشر بسياسات الشركة وتنفيذها، التي تتعلق بالبيئة والصحة والسلامة وبتنفيذ هذه السياسات.[82]

- السعي إلى تجنب الآثار الضارة على **التنوع البيولوجي والموارد الوراثية وخدمات النظام الإيكولوجي** ودعم الحفاظ عليها. وعندما لا يتسنى تجنب هذه الآثار، اتخاذ تدابير للتقليل منها إلى الحد الأدنى واستعادة التنوع البيولوجي وخدمات النظام الإيكولوجي عن طريق نهج إداري مكيّف.[83]

- اختيار نظام الإنتاج الأنسب، بالتعاون مع الحكومة عند الاقتضاء، من أجل تعزيز **كفاءة استخدام الموارد** مع الحفاظ على توفر الموارد الحالية في المستقبل.[84] وعلى وجه الخصوص، يتضمن ذلك السعي إلى:

- تحسين الحفاظ على **المياه** ومعالجة مياه الصرف الصحي وكفاءة استخدام المياه، والاستثمار في تكنولوجيات واستخدامها من أجل تحقيق هذا الهدف.[85]
- تحسين إدارة **المدخلات والمخرجات الزراعية** لتعزيز كفاءة الإنتاج والتقليل إلى الحد الأدنى من التهديدات على البيئة والنبات وصحة الحيوان والإنسان.[86]
- الحدّ من **الفاقد والمهدر** في الإنتاج وعمليات ما بعد الحصاد وتعزيز الاستخدام الإنتاجي للفضلات و/أو المنتجات الثانوية.[87]
- تنفيذ التدابير المجدية فنيًا وماليًا والفعالة من حيث الكلفة من أجل تحسين كفاءة **استهلاك الطاقة**.[88]
- اتخاذ تدابير، حسب الاقتضاء، للحد من **انبعاثات غازات الدفيئة** و/أو إزالتها.[89]

9- الحوكمة

9-1 الفساد

المخاطر

إذا لم تكن لدى الحكومة قوانين واضحة ونافذة بشأن الشفافية ومكافحة الفساد، فإن المخاطر المتعلقة بالحوكمة سترتفع بالنسبة إلى الشركات (منظمة التعاون والتنمية في الميدان الاقتصادي، 2006). والهيئات الحكومية المشرفة على قطاع الأراضي هي من بين الهيئات العامة الأكثر تضررًا بالرشوة على مستوى الخدمات، وليست هناك مستويات رشوة أعلى من مستوى الرشوة في هذا القطاع إلّا في الشرطة والجهاز القضائي (منظمة الشفافية الدولية، 2011). ويمكن أن تقدم الشركات ميزات غير مستحقة من أجل الحصول على رقع واسعة من الأراضي على حساب المجتمعات المحلية التي تملك الحقوق العرفية في الأراضي. وقد يؤثر الفساد أيضًا على توزيع الائتمان المدعوم من الحكومة، إذ يتقاضى الموظفون الحكوميون رسومًا لا لزوم لها عند منح الائتمانات. ويمكن للفساد أيضًا أن يزيد من سعر المدخلات الزراعية، بسبب إمكانية أن تبيع شركات المدخلات الزراعية منتجاتها إلى الوكالات الحكومية بسعر مرتفع من أجل تزويد الموظفين العموميين بحصة من الأرباح.

وإن ادعاءات الفساد تقلل فوائد الاستثمار الزراعي أو تمنع تحقيقها عن طريق زيادة كلفة الحصول على الموارد والحد من أوجه التعاضد مع مشاريع تنمية البنية التحتية الحالية والمستقبلية وزيادة احتمال نشوب النزاعات (منظمة الأغذية والزراعة، 2010). ويمكن أن تقوض ادعاءات الفساد أيضًا من ثقة المجتمعات المحلية في الشركات، وهو الأمر الأساسي من أجل بناء علاقات إيجابية على المدى الطويل.

تدابير التخفيف من المخاطر

- الامتناع عن السعي إلى الحصول على إعفاءات أو قبولها ما لم تكن متوخاة في الإطار التشريعي أو التنظيمي المتعلق بحقوق الإنسان والبيئة والصحة والسلامة والعمل والضرائب وغيرها من مسائل.
- تجنب القيام بشكل مباشر أو غير مباشر (عن طريق طرف ثالث) بعرض رشاوى أو ميزات أخرى غير مستحقة أو الوعد بها أو إعطائها أو طلبها من الموظفين العموميين أو عمال الشركاء التجاريين أو أقاربهم أو المتعاملين التجاريين، بهدف الحصول أو المحافظة على عمل تجاري أو أي ميزة أخرى دون وجه حق.
- القيام على المستوى الداخلي بإعداد واعتماد ما هو ملائم من ضوابط ومبادئ أخلاقية وبرامج أو تدابير للامتثال، وذلك بهدف منع الرشوة وكشفها.
- حظر أو تثبيط استخدام تسهيلات المدفوعات الصغيرة على المستوى الداخلي في ضوابط الشركة ومبادئها الأخلاقية وبرامجها أو تدابيرها الخاصة بالامتثال، وهي عمومًا مدفوعات

غير قانونية في البلدان التي تُدفع فيها، وعندما تُدفع هذه المدفوعات، القيام بتسجيلها بدقة في الدفاتر والسجلات المالية.

- ضمان التوثيق المناسب للعناية الواجبة المبذولة في توظيف العملاء، وضمان الإشراف المناسب والمنتظم عليهم، وضمان ملاءمة أجورهم وألّا تكون الأجور إلّا من أجل الخدمات المشروعة فقط.
- الامتناع عن أي مشاركة غير سليمة في الأنشطة السياسية المحلية.[90]
- استخدام قيم مقدّرة بطريقة موضوعية وعمليات وخدمات شفافة ولامركزية وتطبيق الحق في الطعن، وذلك من أجل منع الفساد في مجال حقوق الحيازة، وخاصة حقوق الحيازة العرفية للشعوب الأصلية والمجتمعات المحلية.[91]
- المشاركة في الجهود التي تبذلها الحكومات من أجل تنفيذ اتفاقية **منظمة التعاون والتنمية في الميدان الاقتصادي** بشأن مكافحة رشوة المسؤولين العموميين الأجانب في المعاملات التجارية الدولية (اتفاقية مكافحة الرشوة).[92]

2-9 الضرائب

المخاطر

يمكن أن تساهم الشركات في التنمية الاقتصادية للبلدان المضيفة عن طريق دفع التزاماتها الضريبية في الوقت المناسب. ويمكن للإدارة الضريبية والامتثال الضريبي في أنظمة الشركة لإدارة المخاطر أن يضمنا التحديد والتقييم الكاملين للمخاطر المرتبطة بالضرائب على المستوى المالي والتنظيمي وعلى مستوى السمعة (منظمة التعاون والتنمية في الميدان الاقتصادي، 2011). وعلى النحو الذي توضحه الحملات الأخيرة التي تستهدف الشركات الكبيرة، فإن التجنب من دفع الضريبة يمكن أن يزيد من مخاطر المساس بالسمعة.

تدابير التخفيف من المخاطر

- تزويد السلطات بمعلومات في التوقيت المناسب تكون ذات صلة أو مطلوبة بموجب القانون لأغراض التحديد الصحيح للضرائب المرتبطة بالعمليات.
- تماشي ممارسات **تحديد أسعار التحويل الداخلي** مع مبدأ الاستقلالية.
- اعتماد استراتيجيات **لإدارة المخاطر** من أجل ضمان التحديد والتقييم الكاملين للمخاطر المرتبطة بالضرائب على المستوى المالي والتنظيمي وعلى مستوى السمعة.[93]

3-9 المنافسة

المخاطر

إن الممارسات المخلّة بالمنافسة قد لا تؤثر سلبًا على المستهلكين فحسب، بل إنها قد تضعف أيضًا القدرة التفاوضية لأصحاب الحيازات الصغيرة إن لم تخضع القدرة الشرائية المفرطة للمراقبة، مما يؤثر بالتالي على الأمن الغذائي والتغذية (الأمم المتحدة، 2009). وعلى نحو مماثل، فإن الإغراق الذي تقوم بها الشركات الكبرى عن طريق بيعها منتجًا ما بالخسارة في سوق تنافسية يمكن أن يجبر المتنافسين، بما في ذلك الشركات الصغيرة والمتوسطة الحجم، على الخروج من السوق. وفي البلدان التي تكون قوانينها وتشريعاتها الخاصة بالمنافسة غير موضوعة أو مطبقة بشكل كاف، فإن الشركات معرضة لخطر مخالفة معايير المنافسة إن لم تمارس عناية إدارية عالية في الامتناع عن الممارسات التي تشكل ممارسة مفرطة للقدرة الشرائية، مثل تخفيض الأسعار بشكل رجعي من دون إبلاغ معقول أو المدفوعات غير المبررة المفروضة على المورّد بسبب شكاوى المستهلك (منظمة التعاون والتنمية في الميدان الاقتصادي، 2006).

تدابير التخفيف من المخاطر

- الامتناع عن الدخول في الاتفاقات **المخلّة بالمنافسة** أو تنفيذ هذه الاتفاقات بين المتنافسين.
- **التعاون مع سلطات التحري في حالات المنافسة**، بما في ذلك، رهنًا بالقانون الساري والضمانات المناسبة، توفير استجابات سريعة وكاملة قدر الإمكان إلى طلبات المعلومات، والنظر في استخدام الأدوات المتاحة، مثل التنازل عن السرية عند الاقتضاء، وذلك بغية توطيد التعاون الفعال والكفؤ بين السلطات المعنية بالتحري.[94]

10- التكنولوجيا والإبداع

المخاطر

قد يساهم تعزيز التقنيات ومشاركتها في تهيئة بيئة تدعم التمتع بحقوق الإنسان وتعزز حماية البيئة. ومع ذلك، تفيد الدراسات التجريبية إلى أن النقل الفعلي للتكنولوجيا في القطاع الزراعي نادرًا ما يصل إلى المستوى الذي تعلنه الشركات (الأونكتاد، 2009).

وفي ما يتعلق بالمواد الوراثية والمعارف التقليدية للشعوب الأصلية والمجتمعات المحلية والمزارعين، فإن الدول الأطراف في اتفاقية التنوع البيولوجي والمعاهدة الدولية بشأن الموارد الوراثية النباتية للأغذية والزراعة وبروتوكول ناغويا بشأن الحصول على الموارد وتقاسم منافعها الخاص باتفاقية التنوع البيولوجي، لديها التزامات دولية محددة متعلقة بالوصول على الموارد الوراثية وما يتصل بها من معارف تقليدية. وقد تتعاون الشركات مع الحكومات من أجل دعمها في الامتثال لهذه الالتزامات الدولية، أو على الأقل في عدم تقويضها، مع مراعاة قوانين الملكية الفكرية ذات الصلة.

تدابير التخفيف من المخاطر

- السعي إلى ضمان تماشي الأنشطة مع سياسات وخطط العلوم والتكنولوجيا في البلدان المضيفة، وعند الاقتضاء، المساهمة في تطوير القدرة الابتكارية على المستويين المحلي والوطني.
- اعتماد ممارسات تسمح **بالنقل والنشر** السريع للتكنولوجيات والمعارف العملية والممارسات التي تتسم بأنها ابتكارية ومتكيفة محليًا، عندما يكون ذلك ممكنًا في سياق العمليات، مع إيلاء الاعتبار الواجب إلى حماية حقوق الملكية الفكرية.[95]
- رهنًا بالقانون الوطني ووفقًا للمعاهدات الدولية النافذة، احترام **حق المزارعين** في الحفاظ على الموارد الوراثية واستخدامها وتبادلها وبيعها، بما في ذلك البذور، والاعتراف بمصالح المربّين.[96]
- عند الاقتضاء، القيام بأعمال إنمائية في مجالي العلوم والتكنولوجيا في البلدان النامية تهدف إلى تلبية احتياجات **السوق المحلية** وتوظيف الموظفين المحليين وتشجيع تدريبهم، مع مراعاة الاحتياجات التجارية.
- عند منح تراخيص لاستخدام حقوق الملكية الفكرية، أو عند نقل التكنولوجيا بطريقة أخرى، تأدية ذلك بشروط معقولة وبطريقة تساهم في التنمية المستدامة على المدى الطويل في البلد المضيف.
- إرساء روابط مع **الجامعات المحلية** ومعاهد البحوث العامة، والمشاركة في مشاريع الأبحاث التعاونية مع الصناعة المحلية أو الرابطات الصناعية، إذا كان ذلك ملائمًا للأهداف التجارية.[97]

71 المسؤولة الزراعية الإمدادات سلاسل بشأن والزراعة الأغذية ومنظمة الاقتصادي الميدان في والتنمية التعاون منظمة توجيهات © OECD, FAO 2021

ملاحظات الملحق ألف

1 المبادئ التوجيهية، ثالثًا 1-3، ورابعًا-4؛ ومبادئ الاستثمارات المسؤولة، المبدأ 9 "2"؛ والخطوط التوجيهية الطوعية، الفقرة 12-3؛ وخطوط أكويه: كون التوجيهية، الفقرتان 10 و11؛ ومعايير مؤسسة التمويل الدولية للأداء، المعيار 1، الفقرة 29؛ والمبدأ 10 من مبادئ الأمم المتحدة للتعاقد المسؤول، المرفقة بالمبادئ التوجيهية للأمم المتحدة، والتي صادق عليها مجلس الأمم المتحدة لحقوق الإنسان. ويمكن لهذا أن يساعد أيضًا في تنفيذ المادة 5-6 من اتفاقية آرهوس. وينبغي أن تتضمن المعلومات بشأن *"خصائص المنتجات"* ما يكفي من المعلومات من أجل تمكين المستهلكين من اتخاذ قرارات مستنيرة، بما في ذلك معلومات بشأن أسعار المنتجات، وعند الاقتضاء، محتواها واستخدامها الآمن وخصائصها البيئية وحفظها وتخزينها والتخلص منها (المبادئ التوجيهية للشركات المتعددة الجنسيات، ثامنًا-2).

2 خطوط أكويه: كون التوجيهية، الفقرتان 10 و11.

3 اتفاقية آرهوس، المادة 5-1-ج.

4 المبادئ التوجيهية، ثالثًا-1.

5 معايير مؤسسة التمويل الدولية للأداء، المعيار 1، الفقرة 27.

6 معايير مؤسسة التمويل الدولية للأداء، المعيار 1، الفقرات 13-17؛ وخطوط أكويه: كون التوجيهية، الفقرات 29 و52 و53 و60؛ والخطوط التوجيهية الطوعية، الفقرتان 3-باء-6 و9-9؛ ومبادئ الاستثمارات المسؤولة في الزراعة والنظم الغذائية، المبدأ 9 "3"؛ وإعلان الأمم المتحدة بشأن حقوق الشعوب الأصلية، المادة 10. ووفقًا للفقرة 33 من المعيار 1 من معايير مؤسسة التمويل الدولية للأداء، عندما يكون إشراك أصحاب المصلحة هو مسؤولية الحكومة في المقام الأول، ينبغي للشركات أن تتعاون مع الوكالة الحكومية المسؤولة إلى القدر الذي تسمح به الوكالة. وعندما تكون قدرة الحكومة محدودة، ينبغي للشركات أن تؤدي دورًا فعالًا خلال تخطيط عملية إشراك أصحاب المصلحة وتنفيذها ورصدها. وإذا كانت العملية التي تجريها الحكومة لا تستوفي الشروط ذات الصلة من أجل الإشراك البناء، ينبغي للشركات أن تجري عملية تكميلية، وعند الاقتضاء، تحديد الإجراءات الإضافية.

7 الخطوط التوجيهية الطوعية، 3باء-6؛ ومعايير مؤسسة التمويل الدولية للأداء، المعيار 1، الفقرة 30.

8 الخطوط التوجيهية الطوعية، الفقرتان 9-9 و4-10؛ وخطوط أكويه: كون التوجيهية، الفقرات 14-17؛ ومبادئ الاستثمارات الزراعية المسؤولة، المبدآن 1 و4؛ ومعايير مؤسسة التمويل الدولية للأداء، المعيار 1، الفقرات 1 و26 و27 و30.

9 خطوط أكويه: كون التوجيهية، الفقرة 17؛ ومعايير مؤسسة التمويل الدولية للأداء، المعيار 1، الفقرتان 30 و31.

10 خطوط أكويه: كون التوجيهية، الفقرتان 7 و8؛ ومعايير الأداء الصادرة عن مؤسسة التمويل الدولي، المعيار 1، الفقرة 27.

11 المبادئ التوجيهية، سادسًا-3 وسادسًا-67.

12 يمكن استخدام أدوات من قبيل قيمة المحافظة العالية وتقييمات مخزون الكربون. ويمكن الرجوع إلى القسم الفرعي 8 بشأن "حماية البيئة والاستخدام المستدام للموارد البيئية" من أجل الاطلاع على المزيد من التفاصيل بشأن الآثار البيئة الضارة المحتملة.

13 مبادئ الاستثمارات المسؤولة، المبدأ 10؛ وخطوط أكويه: كون التوجيهية، الفقرات 6 و37 و48.

14 مبادئ الاستثمارات المسؤولة، المبدأ 10 "1"؛ وخطوط أكويه: كون التوجيهية، الفقرة 14.

15 معايير مؤسسة التمويل الدولية للأداء، المعيار 1، الفقرتان 8 و10.

16 اتفاقية التنوع البيولوجي، المادتان 8(ي) و10؛ والمعاهدة الدولية بشأن الموارد الوراثية النباتية، المادة 9-2؛ وبروتوكول ناغويا، المادة 5؛ واتفاقية منظمة العمل الدولية رقم 169، المادة 15.

17 يمكن الاطلاع على قائمة إرشادية في ملحق بروتوكول ناغويا.

18 خطوط أكويه: كون التوجيهية، الفقرة 46.

19	مبادئ الاستثمارات المسؤولة، 1 "3" و2 "4"-"7"؛ ومبادئ الاستثمارات الزراعية المسؤولة، المبدأ 6؛ وإعلان منظمة العمل الدولية بشأن الشركات المتعددة الجنسيات، الفقرة 20؛ وخطوط أكويه: كون التوجيهية، الفقرة 46؛ ومعايير مؤسسة التمويل الدولية للأداء، المعيار 7، الفقرات 18-20.
20	إعلان منظمة العمل الدولية بشأن الشركات المتعددة الجنسيات، الفقرة 10؛ ومبادئ الاستثمارات الزراعية المسؤولة، المبدأ 5.
21	مبادئ الاستثمارات الزراعية المسؤولة، المبدأ 6؛ وخطوط أكويه: كون التوجيهية، الفقرة 46؛ ومعايير مؤسسة التمويل الدولية للأداء، المعيار 7، الفقرات 18-20.
22	معايير مؤسسة التمويل الدولية للأداء، المعيار 1، الفقرة 35.
23	المبادئ التوجيهية للأمم المتحدة، المبدأ 31، التعليق.
24	المبادئ التوجيهية، رابعًا-46.
25	المبادئ التوجيهية، رابعًا-1-3.
26	المبادئ التوجيهية، رابعًا-37.
27	خطوط أكويه: كون التوجيهية، الفقرة 13؛ ومعايير مؤسسة التمويل الدولية للأداء، المعيار 7، الفقرة 8.
28	انظر القسم أعلاه بشأن تقييمات الأثر من أجل الاطلاع على مزيد من المعلومات.
29	المبادئ التوجيهية، ثانيًا-2 ورابعًا-5 و45.
30	مبادئ الاستثمارات المسؤولة، المبدآن 3 و4.
31	مبادئ الاستثمارات المسؤولة، المبدأ 3؛ واتفاقية القضاء على جميع أشكال التمييز ضد المرأة.
32	مبادئ الاستثمارات المسؤولة، 3 "3".
33	اتفاقية الحرية النقابية وحماية حق التنظيم، 1948 (رقم 87)؛ واتفاقية حق التنظيم والمفاوضة الجماعية، 1949 (رقم 98)؛ واتفاقية العمل الجبري، 1930 (رقم 29)؛ واتفاقية إلغاء العمل الجبري، 1957 (رقم 105)؛ واتفاقية الحد الأدنى لسن الاستخدام، 1973 (رقم 138)؛ واتفاقية أسوأ أشكال عمل الأطفال، 1999 (رقم 182)؛ اتفاقية المساواة في الأجور، 1951 (رقم 100)؛ واتفاقية التمييز (في الاستخدام والمهنة)، 1958 (رقم 111).
34	إضافة إلى ذلك، فإن الحق في تشكيل نقابات العمال والانضمام إليها محمي بموجب الاتفاقية الأوروبية لحقوق الإنسان (المادة 11). وحق الانضمام إلى نقابات العمال محمي بحق الحرية في تكوين الجمعيات المنصوص عليه في الاتفاقية الأمريكية لحقوق الإنسان (المادة 16) والميثاق الأفريقي لحقوق الإنسان والشعوب (المادة 10).
35	يغطي المبدأ 2 من مبادئ الاستثمارات المسؤولة حقوق العمل.
36	إعلان منظمة العمل الدولية بشأن الشركات المتعددة الجنسيات، الفقرة 21؛ ويرد في المبادئ التوجيهية، خامسًا-1-ه، التعليق 54، تحديد بأن المصطلح "أي ظرف آخر" يشير لأغراض المبادئ التوجيهية إلى النشاط النقابي والصفات الشخصية مثل السن والعجز والحمل والحالة الأسرية والميل الجنسي والإصابة بفيروس المناعة البشرية. وجدير بالذكر أن اتفاقية حقوق الأشخاص ذوي الإعاقة تمنع التمييز على أساس الإعاقة في التوظيف.
37	إعلان منظمة العمل الدولية بشأن الشركات المتعددة الجنسيات، الفقرة 36؛ والمبادئ التوجيهية، خامسًا-1-ج؛ ومبادئ حقوق الطفل والأعمال التجارية، المبدأ 2. ولا تفرض مبادئ حقوق الطفل والأعمال التجارية التزامات دولية قانونية جديدة. وهي مبنية على أساس الحقوق المذكورة في اتفاقية حقوق الطفل وبروتوكوليها الاختياريين. والاتفاقية هي أكثر معاهدة لحقوق الإنسان تم المصادقة عليها على نطاق واسع، إذ وقعتها وصادقت عليها 193 حكومة. وتقوم المبادئ أيضًا على اتفاقيتي منظمة العمل الدولية رقم 182 بشأن أسوأ أشكال عمل الأطفال ورقم 138 بشأن الحد الأدنى لسن الاستخدام. وتدخل أيضًا في إطار المعايير القائمة الخاصة بالأعمال التجارية، بما في ذلك المبادئ العشرة للاتفاق العالمي للأمم المتحدة والمبادئ التوجيهية للأمم المتحدة.
38	المبادئ التوجيهية، خامسًا-1-د؛ ومعايير مؤسسة التمويل الدولية للأداء، المعيار 2، الفقرات 13 و15 و21 و22 و27.
39	إعلان منظمة العمل الدولية بشأن الشركات المتعددة الجنسيات، الفقرة 34؛ والمبادئ التوجيهية، خامسًا-4-أ وب.
40	إعلان منظمة العمل الدولية بشأن الشركات المتعددة الجنسيات، الفقرة 25.

41 إعلان منظمة العمل الدولية بشأن الشركات المتعددة الجنسيات، الفقرة 26؛ والمبادئ التوجيهية الصادرة عن منظمة التعاون والتنمية في الميدان الاقتصادي، خامسًا-6.

42 توصية الاتصالات داخل المنشأة لمنظمة العمل الدولية، 1967 (رقم 129)، الفقرة 2.

43 يمكن أن تؤدي أنظمة العلاقات الصناعية دورًا مهمًا في الوقاية من التظلمات ومعالجتها، بما في ذلك المفاوضة الجماعية في الشركة وعلى المستويات القطاعية.

44 معايير مؤسسة التمويل الدولية للأداء، المعيار 2، الفقرة 14؛ وإعلان منظمة العمل الدولية بشأن الشركات المتعددة الجنسيات، الفقرات 17 و52 و53.

45 المبادئ التوجيهية الصادرة عن منظمة التعاون والتنمية في الميدان الاقتصادي، ثانيًا-9، وخامسًا 1-3، وخامسًا 6-8؛ وإعلان منظمة العمل الدولية بشأن الشركات المتعددة الجنسيات، الفقرات 41 و44 و47 و51-56.

46 المبادئ التوجيهية، خامسًا 4-5؛ وإعلان منظمة العمل الدولية بشأن الشركات المتعددة الجنسيات، الفقرة 18.

47 إعلان منظمة العمل الدولية بشأن الشركات المتعددة الجنسيات، الفقرات 16-18 و30-34.

48 مبادئ الاستثمارات المسؤولة، المبدآن 3 "3" و4 "2".

49 إعلان منظمة العمل الدولية بشأن الشركات المتعددة الجنسيات، الفقرة 31.

50 أيد هذا النهج البلدان والمنظمات التالية الذكر: المفوضية الأوروبية، وزارة الخارجية في الولايات المتحدة، ووزارة الزراعة في الولايات المتحدة، ومركز مكافحة الأمراض والوقاية منها في الولايات المتحدة، والبنك الدولي، ومنظمة الصحة العالمية، ومنظمة الأغذية والزراعة، والمنظمة العالمية لصحة الحيوان، ومنسق منظومة الأمم المتحدة المعني بالإنفلونزا. ولمزيد من المعلومات يرجى زيارة الموقع التالي *www.onehealthglobal.net*.

51 إن التعليقات العامة للجنة المعنية بالحقوق الاقتصادية والاجتماعية والثقافية ليست ملزمة ولكنها تفسيرات موثوقة للعهد الدولي الخاص بالحقوق الاقتصادية والاجتماعية والثقافية.

52 التعليق العام رقم 14، الصادر عام 2000 عن اللجنة المعنية بالحقوق الاقتصادية والاجتماعية والثقافية. ورغم أن العهد الدولي الخاص بالحقوق الاقتصادية والاجتماعية والثقافية صك دولي مصادق عليه بشكل واسع وتعترف فيه الدول الأطراف بالحق في التمتع بأعلى مستوى من الصحة الجسمية والعقلية يمكن بلوغه، فإن الحقوق المتعلقة بالصحة يمكن أيضًا أن يرد ذكرها في الصكوك الأخرى، بما في ذلك اتفاقية حقوق الطفل، واتفاقية القضاء على جميع أشكال التمييز ضد المرأة، واتفاقية القضاء على جميع أشكال التمييز العنصري، واتفاقية حقوق الأشخاص ذوي الإعاقة.

53 لمزيد من التوصيات الخاصة بشأن مصالح المستهلك، انظر المبادئ التوجيهية، ثامنًا.

54 ويعرّف المعيار 3 من معايير مؤسسة التمويل الدولية للأداء "الممارسات الدولية السليمة" على أنها "تطبيق المهارات المهنية والعناية الواجبة والتزام جانب الحكمة والبصيرة التي يفترض توافرها معقولًا لدى المهنيين المهارات والخبرات القائمين بأداء نفس نوع المهام في ظل الظروف والأوضاع ذاتها أو ما يماثلها على المستوى العالمي أو الإقليمي. ويجب أن تكون نتيجة هذه الممارسة قيام المشروع بتطبيق أكثر التقنيات ملاءمة في الظروف الخاصة بالمشروع".

55 معايير مؤسسة التمويل الدولية للأداء، المعيار 4.

56 مبادئ الاستثمارات الزراعية المسؤولة، المبدأ 5. وتقترح هيئة الدستور الغذائي، التي أنشأتها منظمة الأغذية والزراعة ومنظمة الصحة العالمي في عام 1963، مواصفات وخطوطًا توجيهية دولية ومدونات ممارسة دولية بشأن الأغذية من أجل حماية صحة المستهلكين وضمان الممارسات التجارية النزيهة في تجارة الأغذية. وتعزز الهيئة أيضًا التنسيق بين مختلف معايير الأغذية التي وضعتها المنظمات الدولية الحكومية وغير الحكومية. وتشكل مبادئ تحليل مصادر الخطر ونقاط الرقابة الحرجة جزءًا من الدستور الغذائي. وهي نهج وقائي منهجي من أجل سلامة الأغذية، وكذلك المخاطر البيولوجية والكيميائية والمادية في عمليات الإنتاج، التي يمكن أن تتسبب في عدم سلامة المنتج النهائي. وتضع مقاييس للتقليل من هذه المخاطر إلى المستوى الأمن. والمبادئ السبعة هي كالآتي: (1) إجراء تحليل للمخاطر؛ (2) وتحديد نقاط الرقابة الحرجة؛ (3) ووضع الحدود الحرجة؛ (4) ومراقبة نقاط التحكم الحرجة؛ (5) واتخاذ إجراءات تصحيحية؛ (6) والتحقق؛ (7) والاحتفاظ بالسجلات. ويمكن استخدام نظام تحليل مصادر الخطر ونقاط الرقابة الحرجة في جميع المستويات في سلسلة الإمداد، ابتداءً من الإنتاج وعمليات التحضير، بما فيها التغليف والتوزيع.

57 على سبيل المثال، تتضمن المخططات المعترف بها في المبادرة العالمية بشأن سلامة الأغذية نظام إدارة سلامة الغذاء ISO 22000 لمركز الخدمات المشتركة، والمواصفات العالمية لاتحاد تجار التجزئة البريطانيين، والمواصفات المعتمدة دوليًا. وتنص الهيئة الأوروبية لسلامة الأغذية أيضًا على معايير لسلامة الأغذية.

58 ووفقًا لهيئة الدستور الغذائي التي تم إنشاؤها في عام 2006، يُعرّف التتبُّع بأنه القدرة على متابعة حركة الغذاء عبر مراحل الإنتاج والتجهيز والتوزيع المحددة. وينبغي لأداة التتبع أن تحدد مصدر الغذاء في أي مرحلة محددة في سلسلة الإمدادات الغذائية (خطوة إلى الوراء) والمكان الذي تم توجيه الغذاء إليه (خطوة إلى الأمام)، بما يتناسب مع أهداف نظام الفحص وإصدار الشهادات للأغذية.

59 والحقوق المتعلقة بالأغذية محمية أيضًا بموجب الصكوك الدولية والإقليمية الأخرى، بما في ذلك اتفاقية حقوق الطفل، واتفاقية القضاء على جميع أشكال التمييز ضد المرأة، واتفاقية حقوق الأطفال ذوي الإعاقة.

60 لجنة الأمم المتحدة المعنية بالحقوق الاقتصادية والاجتماعية والثقافية، التعليق العام 12 (1999)، الفقرات 6 و15 و27.

61 لمزيد من المعلومات، يرجى الاطلاع على مؤشر الحصول على التغذية في الموقع التالي *www.accesstonutrition.org*.

62 مبادئ الاستثمارات المسؤولة، 1 "1" و"3"، و2 "3" و"4"، و8 "1"، و3 "1" و"3"؛ والخطوط التوجيهية الطوعية، الفقرة 12-4؛ ومبادئ الاستثمارات الزراعية المسؤولة، المبدأ 2.

63 يمثل المحقق لشؤون التقيد بالأنظمة آلية مستقلة للطعن بالنسبة إلى مؤسسة التمويل الدولية ووكالة ضمان الاستثمارات المتعددة الأطراف. ويستجيب للشكاوى المقدمة من المجتمعات المتضررة بالمشاريع بهدف تعزيز النتائج الاجتماعية والبيئية على الأرض.

64 على الرغم من أن حقوق حيازة الأراضي والموارد الطبيعية ليست من حقوق الإنسان، لكن قد يكون لها آثار مهمة على التمتع بمختلف حقوق الإنسان ويرد ذكرها في معايير السلوك التجاري المسؤول. وأحد الاستثناءات المهمة هو حق الشعوب الأصلية في ملكية وحيازة الأراضي التي تشغلها تقليديًا، وهو حق تنص عليه الاتفاقية رقم 169 لمنظمة العمل الدولية، ويركز عليه إعلان الأمم المتحدة بشأن حقوق الشعوب الأصلية غير الملزم والمستشهد به على نطاق واسع رغم ذلك (انظر الملحق باء).

65 تشير إعادة التوطين القسرية إلى كل من التهجير المادي (النقل من الأراضي أو خسارتها) أو التهجير الاقتصادي (خسارة الموارد الطبيعية أو فقدان القدرة على الوصول إليها مما يؤدي إلى خسارة سبل العيش) كنتيجة لعملية الاستحواذ على الأراضي و/أو القيود المفروضة على استخدام الموارد الطبيعية. وتعتبر إعادة التوطين قسرية عندما لا يكون لدى الأشخاص المتضررين الحق في رفض الاستحواذ على الأراضي و/أو القيود على استخدام الموارد الطبيعية (معايير مؤسسة التمويل الدولية للأداء، المعيار 5).

66 الخطوط التوجيهية الطوعية، الفقرة 2-4؛ ومبادئ الاستثمارات الزراعية المسؤولة، المبدأ 1؛ وخطوط أكويه: كون التوجيهية، الفقرة 13؛ ومعايير مؤسسة التمويل الدولية للأداء، المعيار 7، الفقرة 8.

67 خطوط أكويه: كون التوجيهية، الفقرة 13.

68 الخطوط التوجيهية الطوعية، الفقرتان 12-4 و16-1؛ ومعايير مؤسسة التمويل الدولية للأداء، المعيار 5، الفقرة 8؛ واتفاقية الشعوب الأصلية والقبلية لمنظمة العمل الدولية، 1989، (رقم 169)، المادة 16. وجدير بالذكر أن هذه المعايير مشار إليها أيضًا في الالتزامات الحديثة لشركات الأغذية الزراعية الكبيرة بشأن الاستحواذ على الأراضي.

69 مبادئ الاستثمارات الزراعية المسؤولة، المبدأ 6-2-1؛ ومعايير مؤسسة التمويل الدولية للأداء، المعيار 5، الفقرات 9 و10 و19 و27 و28، والمعيار 7، الفقرتان 9 و14.

70 معايير مؤسسة التمويل الدولية للأداء، المعيار 5، الفقرة 30. وإضافة إلى ذلك، تتطلب الفقرة 31 من هذا المعيار أن تحضر الشركات خطة إضافية لإعادة التوطين واستعادة سبل العيش.

71 وفقًا لتعريف المنظمة العالمية لصحة الحيوان الذي تعترف به أكثر من 170 بلدًا، يُقصد برفاه الحيوان طريقة تأقلم حيوان ما مع الظروف التي يعيش فيها. ويكون الحيوان في حالة جيدة من الرفاه (وفقًا للبيّنات العلمية) إذا كان يتمتّع بالصحة ويشعر بالراحة ويتغذى جيدًا وإذا كان آمنًا وقادرًا على التعبير

عن السلوك الفطري ولا يعاني من حالات مزعجة من قبيل الألم والخوف والإجهاد. ولمزيد من المعلومات، انظر www.defra.gov.uk/fawc.

72 الحريات الخمس معترف بها في مقدمة توصيات رفاه الحيوان لمنظمة العالمية لصحة الحيوان، أي في المادة 7-1-2 من المدونة الصحية لحيوانات اليابسة. ولمزيد من المعلومات، انظر الحريات الخمس لمجلس رعاية حيوانات المزارع في الرابط التالي: www.fawc.org.uk/freedoms.htm.

73 انظر http://eur-lex.europa.eu/legal-content/EN/TXT/?uri=CELEX:12012E/TXT.

74 تتضمن هذه المعايير: مذكرة مؤسسة التمويل الدولية عن أفضل الممارسات الجيدة بشأن رعاية الحيوان في العمليات الخاصة بالثروة الحيوانية؛ وعلامة Freedom food للجمعية الملكية لمنع الوحشية تجاه الحيوانات؛ وبطاقة "Label Rouge"؛ والخطوات الخمس للممارسات الزراعية السليمة؛ والمعايير العضوية لرابطة Soil Association.

75 المدونة الصادرة عن المنظمة العالمية لصحة الحيوان في عام 2015 بشأن صحة حيوانات اليابسة، المادة 7-1-4. ويبدو أن تدابير التخفيف من المخاطر هذه تتماشى مع المعايير الجوهرية لمقياس الأعمال التجارية بشأن رعاية حيوانات المزارع (www.bbfaw.com).

76 ينبغي أن تهدف خطة إدارة الآفات إلى الحد من نمو الآفات عن طريق دمج تقنيات متعددة، مثل المكافحة البيولوجية باستخدام الحشرات والميكروبات المفيدة وأنواع المحاصيل المقاومة للآفات والممارسات الزراعية البديلة من قبيل الرش والتشذيب.

77 المبادئ التوجيهية، سادسًا-1.

78 معايير مؤسسة التمويل الدولية للأداء، المعيار 1، الفقرات 5 و21 و22.

79 المبادئ التوجيهية، سادسًا 2-3.

80 المبادئ التوجيهية، سادسًا-1 و4 و5؛ ومعايير مؤسسة التمويل الدولية للأداء، 1 و5 و21 و22؛ والاتفاق العالمي للأمم المتحدة، المبدآن 7 و8؛ واتفاقية الأمم المتحدة الإطارية بشأن تغير المناخ، المادة 3.

81 المبادئ التوجيهية الصادرة عن منظمة التعاون والتنمية في الميدان الاقتصادي، سادسًا-1 و4 و5؛ معايير مؤسسة التمويل الدولية للأداء، المعيار 1، الفقرات 5 و21 و22.

82 المبادئ التوجيهية، سادسًا-2 و3.

83 معايير مؤسسة التمويل الدولية للأداء، المعيار 6، الفقرة 7؛ واتفاقية التنوع البيولوجي، المادتان 8 و9؛ ومبادئ الاستثمارات المسؤولة، المبدأ 6 "2". وتنص أيضًا الفقرة 26 من المعيار 6 من معايير مؤسسة التمويل الدولية للأداء على أنه "حيثما أمكن، تحدد الجهة المتعاملة مواقع المشاريع التجارية الزراعية القائمة على الأرض والمشاريع الحرجية في أراضٍ بخلاف أراضي الغابات، أو في الأراضي التي جرى تحويلها بالفعل". وترد الإشارة إلى التغييرات في استخدامات الأراضي في مقترحات اللجنة الدولية المعنية بتغيير استخدام الأرض والأنظمة الإيكولوجية (أكتوبر/تشرين الأول 2009)، وتوجيه الاتحاد الأوروبي رقم 2009/28/EG (أبريل/نيسان 2009) المتعلق بالطاقة المتجددة، ولائحة الاتحاد الأوروبي رقم 995/2010 (أكتوبر/تشرين الأول 2010) بشأن الأخشاب، وإعلان نيويورك الجديد بشأن الغابات المعتمد في مؤتمر القمة المعني بالمناخ لعام 2014.

84 مبادئ الاستثمارات الزراعية المسؤولة، المبدأ 7. وعلى سبيل المثال، يمكن الحفاظ على خصوبة التربة عن طريق التعاقب المناسب للمحاصيل، ووضع السماد، وإدارة المراعي، والممارسات المعقولة لإبادة الأعشاب ميكانيكيًا أو من أجل الحفظ.

85 إن مبادرة الولاية المتعلقة بالمياه لكبار المسؤولين التنفيذيين – مبادرة مشتركة بين القطاعين العام والخاص أطلقها الأمين العام للأمم المتحدة في عام 2007، وهي معدة من أجل مساعدة الشركات على إعداد السياسات والممارسات الخاصة باستدامة المياه وتنفيذها والإفصاح عنها - تتطلب وضع أهداف تتعلق بالحفاظ على المياه، ومعالجة مياه الفضلات، والتقليل من استهلاك المياه. ولكن الوثيقة الختامية لمؤتمر ريو+20 "المستقبل الذي نصبو إليه" تركز بدلًا من ذلك على زيادة كفاءة استخدام المياه والحد من الفاقد من المياه.

86 مبادئ الاستثمارات المسؤولة، 8 "3".

87 مبادئ الاستثمارات المسؤولة، 6 "3". وينبغي أيضًا تقييم فضلات الأغذية، بما في ذلك عن طريق قياسها. وحيثما أمكن، ينبغي التقليل من الفضلات إلى الحد الأدنى، على سبيل المثال عن طريق نقل التكنولوجيا إلى الأطراف الثالثة أو التوعية بفضلات الأغذية وعواقبها. وعندما لا يمكن تجنب فضلات

الأغذية، ينبغي التقليل إلى الحد الأدنى من الأغذية المرسلة إلى المطامر بطرق منها، على سبيل المثال، استخدام الأغذية لأعلاف الحيوانات أو تحويلها إلى طاقة عند الاقتضاء.

88	معايير مؤسسة التمويل الدولية للأداء، المعيار 3، الفقرة 6.
89	مبادئ الاستثمارات المسؤولة، المبدأ 6 "5".
90	المبادئ التوجيهية، ثانيًا-ألف-5 و15، وسابعًا.
91	الخطوط التوجيهية الطوعية، الفقرات 6-9 و8-9 و9-12 و16-6 و17-5.
92	لمزيد من التفاصيل بشأن الطريقة التي يمكن من خلالها للدول أن تتخذ تدابير فعالة من أجل وقف رشوة المسؤولين العموميين الأجانب والوقاية من الرشوة ومكافحتها فيا يتعلق بالمعاملات التجارية الدولية، انظر توصية مجلس منظمة التعاون والتنمية في الميدان الاقتصادي بشأن مواصلة مكافحة رشوة الموظفين العموميين الأجانب في المعاملات التجارية الدولية، *www.oecd.org/daf/anti-bribery/44176910.pdf*.
93	المبادئ التوجيهية، حادي عشر-1 و2.
94	المبادئ التوجيهية، عاشرًا-2 و3.
95	المبادئ التوجيهية، تاسعًا-1 و2؛ ومبادئ الاستثمارات المسؤولة، المبدأ 7 "4".
96	مبادئ الاستثمارات المسؤولة، المبدأ 7 "2"؛ والمعاهدة الدولية بشأن الموارد الوراثية للأغذية والزراعة، المادة 9-3.
97	المبادئ التوجيهية، تاسعًا.

مراجع الملحق ألف

المحقق لشؤون التقيّد بالأنظمة (2013)، *Annual Report*، المحقق لشؤون التقيّد بالأنظمة، واشنطن العاصمة.

المحقق لشؤون التقيّد بالأنظمة (2008)، A Guide to Designing and Implementing Grievance Mechanisms for Development Projects, Advisory Note، المحقق لشؤون التقيّد بالأنظمة، واشنطن العاصمة.

DEFRA (2003), "Preface", in *The Code of Recommendations for the Welfare of Livestock*, United Kingdom Department of Environment, Food and Rural Affairs, London.

EC (2011), *Report - A Sectoral Approach to CSR to Tackle Societal Issues in the Food Supply Chain*, High Level Forum for a Better Functioning Food Supply Chain, Expert Platform on the Competitiveness of the Agro-food Industry, European Commission, Brussels.

منظمة الأغذية والزراعة (2013)، Trends and Impacts of Foreign Agricultural Investment in Developing Country Agriculture: Evidence from Case Studies، منظمة الأغذية والزراعة، روما.

منظمة الأغذية والزراعة (2011)، Report of Expert Meeting on International Investment in the Agricultural Sector of Developing Countries، 22-23 نوفمبر/تشرين الثاني 2011، منظمة الأغذية والزراعة، روما.

منظمة الأغذية والزراعة (2010)، *Principles for Responsible Agricultural Investment that Respects Rights, Livelihoods and Resources*, Discussion Note Prepared by FAO, IFAD, UNCTAD and the World Bank Group, Food and Agriculture Organization, Rome.

مؤسسة التمويل الدولية (2014)، *Improving Animal Welfare in Livestock Operations*, Good Practice Note، مؤسسة التمويل الدولية، واشنطن العاصمة.

مؤسسة التمويل الدولية (2012)، *IFC Performance Standards*، مؤسسة التمويل الدولية، واشنطن العاصمة.

مؤسسة التمويل الدولية (2009)، Addressing Grievances from Project-affected Communities - Guide for Projects and Companies Designing Grievance Mechanisms, Good Practice Note No. 7, International Finance Corporation, Washington DC.

المعهد الدولي لبحوث السياسات الغذائية (2006)، Occupational Health Hazards of Agriculture - Understanding the Links between Agriculture and Health, Brief 13(8), International Food Policy Research Institute, Washington DC.

منظمة العمل الدولية (2011أ)، "Unleashing rural development through productive employment and decent work: Building on 40 years of ILO work in rural areas", *Paper to the Governing Body's Committee on Employment and Social Policy*, International Labour Organization, Geneva.

منظمة العمل الدولية (2011ب)، *السلامة والصحة في الزراعة، مدونة الممارسات*، منظمة العمل الدولية، جينيف.

منظمة العمل الدولية (2008)، مبادئ العمل الخاصة بالاتفاق العالمي للأمم المتحدة: دليل للشركات التجارية، منظمة العمل الدولية، جينيف.

منظمة العمل الدولية (2006)، Tripartite Declaration of Principles concerning Multinational Enterprises and Social Policy، منظمة العمل الدولية، جينيف.

منظمة العمل الدولية (2005)، *السلامة والصحة في الزراعة*، منظمة العمل الدولية، جينيف.

McDermott, M. *et al.* (2015), *Towards the Valuation of Unregistered Land*, Paper Prepared for a Presentation at the 2015 World Bank Conference on Land and Poverty by McDermott, M., Selebalo, C. and Boydell, S., World Bank, Washington DC.

Munden Project (2013), Global Capital, Local Concessions: A Data-Driven Examination of Land Tenure Risk and Industrial Concessions in Emerging Market Economies, The Munden Project Ltd.

منظمة التعاون والتنمية في الميدان الاقتصادي (2011)، إعلان بشأن الاستثمارات الدولية والشركات المتعددة الجنسيات، OECD Publishing, Paris, http://mneguidelines.oecd.org/text.

منظمة التعاون والتنمية في الميدان الاقتصادي (2006)، "OECD Risk Awareness Tool for Multinational Enterprises in Weak Governance Zones", in *Annual Report on the OECD Guidelines for Multinational Enterprises 2006: Conducting Business in Weak Governance Zones*, OECD Publishing, Paris, http://dx.doi.org/10.1787/mne-2006-4-en.

RSPCA (2014), *Large-scale Farming, A Briefing Paper with an Emphasis on Dairy Farming*, Royal Society for the Prevention of Cruelty to Animals, Southwater.

منظمة الشفافية الدولية (2011)، Corruption in the land sector", Working Paper 04/2011, Transparency International.

الأمم المتحدة (2009)، *عمليات حيازة واستئجار الأراضي على نطاق واسع: مجموعة من المبادئ الدنيا والتدابير للتصدي للتحدي الذي تطرحه حقوق الإنسان*، تقرير الأمم المتحدة المقرر الخاص المعني بالحق في الغذاء، وثيقة الأمم المتحدة A/HRC/13/33/Add.2، http://www.srfood.org/images/stories/pdf/officialreports/20100305_a-hrc-13-33-add2_land-principles_en.pdf

مؤتمر الأمم المتحدة للتجارة والتنمية (2009)، *Transnational Corporations, Agricultural Production and Development*، تقرير الاستثمار العالمي، مؤتمر الأمم المتحدة للتجارة والتنمية، نيويورك وجينيف.

برنامج الأمم المتحدة للبيئة (2015)، Bank and Investor Risk Policies on Soft Commodities, A Framework to Evaluate Deforestation and Forest Degradation Risk in the Agricultural Value Chain, United Nations Environment Programme.

UN HABITAT (2015), *Issue Papers and Policy Units of the Habitat III Conference*, United Nations Conference on Housing and Sustainable Urban Development, Nairobi.

البنك الدولي ومؤتمر الأمم المتحدة للتجارة والتنمية (2014)، The Practice of Responsible Investment in Larger-Scale Agricultural Investments – Implications for Corporate Performance and Impacts on Local Communities, World Bank Report Number 86175-GLB, Agriculture and Environmental Services Discussion Paper 08, World Bank and United Nations Conference on Trade and Development, Washington DC.

الملحق باء
التعامل مع الشعوب الأصلية

على النحو المبين في السياسة النموذجية للشركات، ينبغي الاضطلاع بمشاورات فعالة وهادفة وبحسن نية مع المجتمعات قبل الشروع في أي أنشطة قد توثر عليها، وكذلك أثناء هذه الأنشطة وعند نهايتها. وإضافة إلى ذلك، تعرب بعض المواثيق والمعايير الدولية عن التزام الدول بالانخراط في مشاورات من أجل الحصول على الموافقة الحرّة والمسبقة والمستنيرة من الشعوب الأصلية قبل الموافقة على أي مشروع يؤثر على أراضيها أو أقاليمها ومواردها الأخرى.[1] ووفقًا لبعض هيئات حقوق الإنسان والشعوب الأصلية، فإن مفهوم الموافقة الحرّة والمسبقة والمستنيرة منبثق عن الحكم الذاتي للشعوب الأصلية وحقوقها الإقليمية والثقافية، وهو مفهوم ضروري لإعمال تلك الحقوق. ولدى بعض البلدان قوانين وطنية تتماشى مع الالتزام بالتشاور والتعاون من أجل الحصول على الموافقة الحرّة والمسبقة والمستنيرة.[2]

وتدعو مبادئ الاستثمارات المسؤولة والخطوط التوجيهية الطوعية إلى إجراء مشاورات هادفة من أجل الحصول على الموافقة الحرّة والمسبقة والمستنيرة من الشعوب الأصلية. وإضافة إلى ذلك، تطلب بعض شركات المواد الزراعية الغذائية الكبرى واجتماعات المائدة المستديرة المعنية بالسلع الأساسية الحصول على الموافقة الحرّة والمسبقة والمستنيرة في بعض الحالات. وعلى سبيل المثال، تشترط المائدة المستديرة المعنية بزيت النخيل المستدام الحصول على الموافقة الحرّة والمسبقة والمستنيرة من المجموعات المتأثرة من أجل استخدام الأرض لأغراض مزارع زيت النخيل.[3] وترد في المبادئ التوجيهية إحالات إلى مواثيق الأمم المتحدة بشأن حقوق الشعوب الأصلية في سياق الآثار الضارة بحقوق الإنسان، لكنها لا تدرج أي نص بشأن بالموافقة الحرّة والمسبقة والمستنيرة.[4]

تعريف الشعوب الأصلية

لا يوجد تعريف واحد للشعوب الأصلية، وجماعات الشعوب الأصلية ليست كيانات متجانسة. بيد أن منظمة العمل الدولية، بناء على اتفاقيتها رقم 169، وصفت الشعوب الأصلية بأنها مجموعة اجتماعية وثقافية متميزة وتتسم بالخصائص التالية بدرجات متفاوتة:

- التعريف الذاتي كأعضاء ينتمون إلى مجموعة ثقافية متميزة
- أنماط حياة تقليدية
- الثقافة وطريقة العيش تختلفان عن الشرائح الأخرى للسكان الوطنيين، مثلًا في طريقة كسب العيش واللغة والتقاليد وما إلى ذلك.
- منظماتها الاجتماعية الخاصة التي قد تنطوي على أعراف و/أو قوانين تقليدية.[5]

وينبغي اعتبار التعريف الذاتي بشعوب أصلية كمعيار أساسي لتحديد الشعوب الأصلية.[6]

ويمكن أن تعاني الشعوب الأصلية من الآثار الضارة بشكل مختلف أو أكثر شدة من مجموعات أصحاب المصلحة الأخرى، وذلك استنادًا إلى علاقتها بالأرض التي غالبًا ما يكون لها دور رئيسي في الممارسات الاجتماعية والثقافية والدينية، واستنادًا إلى ثقافتها ووضعها الاجتماعي والاقتصادي. وكثيرًا ما تكون من بين أكثر شرائح السكان تهميشًا وضعفًا. ومن الممكن أن تتعرض للتمييز وتعاني من مستويات فقر عالية، وبذلك تكون ضعيفة وأقل قدرة

على الصمود أمام الآثار الضارة. وبغض النظر عن الإطار القانوني الذي تجري فيه عملية ما، كثيرًا ما يكون لدى هذه الشعوب حقوق عرفية أو تقليدية بناء على علاقتها بالأرض وثقافتها ووضعها الاجتماعي والاقتصادي، وهي كالتالي:

- **الأرض:** كثيرًا ما تكون للشعوب الأصلية صلة خاصة بأراضي الأجداد و/أو بالحق العرفي فيها. وهذه العلاقة بالأرض ميزة خاصة لدى الشعوب الأصلية، ولذلك فإن الآثار المتعلقة بالأرض، مثل قلة الوصول إلى الأراضي أو فقدانها أو التدهور البيئي، قد تؤثر على الشعوب الأصلية وسبل عيشها وثقافتها، ويكون وقع هذه الآثار عليها أشد بكثير من مجموعات أصحاب المصلحة الأخرى من غير الشعوب الأصلية. وعلاوة على ذلك، قد لا تعترف القوانين الوطنية بحقوق الأرض العرفية للشعوب الأصلية. وينبغي للمشاورة استكشاف القيمة غير الملموسة المرتبطة بالمواقع أو المناطق المقدسة ذات الأهمية الثقافية.
- **الثقافة:** قد تتمسك الشعوب الأصلية بقيم وخصائص ثقافية فريدة ينبغي مراعاتها واحترامها عند العمل معها. وعلى سبيل المثال، قد تكون قضايا الخصوصية ذات أهمية خاصة بالنسبة إلى الشعوب الأصلية، مثلًا بسبب إرث من التمييز والتهميش على المستوى الاجتماعي أو الثقافي، أو الحساسية بسبب انعدام التواصل مع الثقافات السائدة. وفي مثل هذه الحالات، يمكن أن تشمل ممارسة العمل المناسبة السعي إلى حصول على الموافقة عند تسجيل معلومات عن شعائر هذه الشعوب واحتفالاتها وطقوس العبور لديها من أجل ضمان عدم إعاقة الحياة الثقافية. ويتسم هذا بأهمية خاصة عندما تؤدي العمليات إلى إعادة التوطين هذه الشعوب و/أو تهجيرها. ونظرًا إلى أن طريقة الحياة التقليدية للشعوب الأصلية ترتبط عادة ارتباطًا وثيقًا بأرض معينة، فقد تؤدي إعادة التوطين إلى فقدان الشبكات الاجتماعية، والاندثار الثقافي، وفقدان اللغة والهوية المميزة. وعلى نحو مماثل، قد ترى بعض الشعوب الأصلية أن الوظائف في الأنشطة التجارية الواسعة النطاق تضر بالأنشطة التقليدية التي تقوم بها. وقد لا يكون إدخال الاقتصاد النقدي متوافقًا مع علاقات التبادل القائمة مسبقًا. ويمكن للعمل مع الشعوب الأصلية أن يحدد سبل التخفيف من هذه الآثار وأن يعكس ما لديها من تطلعات وأولويات.
- **الوضع الاجتماعي والاقتصادي:** إن الشعوب الأصلية، في أجزاء كثيرة من العالم، هي من بين أكثر شرائح السكان تهميشًا وضعفًا. وكثيرًا ما تواجه التمييز وتعاني من مستويات عالية من الفقر والحرمان الاجتماعي. وهي في كثير من الأحيان أقل اطلاعًا على حقوقها وتراثها الثقافي وأقل قدرة على الدفاع عنها. ويعني ذلك أنها قد تكون أقل قدرة على مقاومة الصدمات والآثار الضارة وأكثر ضعفًا أمام العواقب الاقتصادية والاجتماعية الوخيمة. وقد تتحدث هذه الشعوب لهجات فريدة أو تعتمد على التقاليد الشفوية لإيصال المعلومات، ما قد يؤدي إلى صعوبات في إيصال المعلومات على نحو فعال ويمكن أن يتطلب طرقًا مبتكرة للتشاور والعمل. وإضافة إلى ذلك، من المهم مراعاة إمكانية وجود المظالم التاريخية التي قد تزيد من تعقيدات الأنشطة.

وتشمل مجموعات الشعوب الأصلية أفرادًا يعانون بشكل مختلف من الآثار الضارة، وتشمل فئات أكثر ضعفًا من قبيل النساء والأطفال، وهي فئات يُتوقع بذل عناية خاصة بشأنها خلال العمل مع الشعوب الأصلية.

تنفيذ الموافقة الحرة والمسبقة والمستنيرة

ينبغي دومًا للشركات أن تنصاع للقوانين والتشريعات المحلية وأن تحترم قوانين حقوق الإنسان ذات الصلة المعترف بها دوليًا.[7] وبغض النظر عن المتطلبات التنظيمية أو التشغيلية، وخلال التخطيط للمشروع، ينبغي للشركات أن تتوقع توخي الشعوب الأصلية عقد مشاورات للحصول على موافقتها الحرة والمسبقة والمستنيرة، واحتمال ظهور مخاطر في حال عدم تلبية هذه التوقعات. وفي البلدان التي لا يُطلب فيها الحصول على الموافقة الحرة والمسبقة

والمستنيرة، ينبغي للشركات أن تراعي التوقعات المحلية والمخاطر التي تهدد الشعوب الأصلية[8] وتهدد العمليات أيضًا كنتيجة للمعارضة المحلية. وينبغي لها أن تتبع استراتيجية للعمل تلبي التوقعات المشروعة للشعوب الأصلية إلى حد لا يخل بالقانون المحلي.

وفي هذا الصدد، قد تكون الخطوات الرئيسية التالية مفيدة من أجل العمل مع الشعوب الأصلية عند السعي إلى تنفيذ الموافقة الحرة والمسبقة والمستنيرة:

- الاتفاق مع الشعوب الأصلية المتضررة على عملية تشاور من أجل السعي إلى الحصول على موافقة حرة ومسبقة ومستنيرة. وينبغي لذلك أن يحدد الأنشطة المحددة الحالية والمستقبلية حيث ينبغي السعي إلى الحصول على الموافقة.[9] وفي بعض الحالات، قد يكون من المناسب الالتزام بهذه العملية عن طريق اتفاق رسمي أو قانوني.[10] وينبغي أن تقوم العملية دومًا على التفاوض الذي يتم بحسن نية ويخلو من الإكراه أو الترهيب أو الاحتيال.
- التشاور والاتفاق على ما يكوّن الموافقة المناسبة بالنسبة إلى الشعوب الأصلية وفقًا لمؤسساتها الإدارية وقوانينها وممارساتها العرفية، على سبيل المثال إذا كان الأمر بتصويت أغلبية المجتمع أو بموافقة مجلس الشيوخ. وينبغي للشعوب الأصلية أن تكون قادرة على المشاركة عن طريق ممثليها المختارين بحرية والشركات العرفية أو سواها.
- الانخراط في عملية السعي إلى الحصول على الموافقة في أقرب وقت ممكن خلال التخطيط للمشروع وقبل بداية الأنشطة التي ينبغي الحصول على الموافقة بشأنها، أو قبل التصريح بها.
- الاعتراف بعملية السعي إلى الحصول على الموافقة بأنها عملية متكررة وليست مناقشة لمرة واحدة. وسيفضي الحوار المستمر مع المجتمع المحلي إلى وجود علاقة ثقة واتفاق متوازن يعود بالنفع على الاستثمار في جميع مراحل المشروع.
- تزويد مجتمعات الشعوب الأصلية بجميع المعلومات المتعلقة بالنشاط بطريقة هادفة ودقيقة ومفهومة بالنسبة إليهم ومناسبة من حيث الوقت.
- توثيق الالتزامات/الاتفاقات التي تم التوصل إليها، بما في ذلك، حسبما يقتضي الحال، تحديد الأنشطة التي مُنحت أو رُفضت الموافقة بشأنها، وأي شروط للموافقة، ومجالات التفاوض المستمر ومشاركتها مع مجتمعات الشعوب الأصلية في الوقت المناسب وبالشكل واللغة المفهومين لها.
- تحديد الإجراءات التي ستُتخذ في الحالتين التاليتين، (أ) رفض الشعوب الأصلية الدخول في المفاوضات؛ (ب) عدم منح الشعوب الأصلية موافقتها على إجراء الأنشطة في أراضيها.

الاستجابة إلى انعدام الموافقة أو رفض العمل

عندما يمتنع المجتمع المحلي عن منح الموافقة، ينبغي أن تتشاور الشركة مع المجتمع من أجل فهم الأسباب الكامنة وراء عدم الموافقة، وما إذا كانت بالإمكان معالجة الشواغل الحالية أو استيعابها. والموافقة الممنوحة مسبقًا بموجب شروط حرة ومسبقة ومستنيرة ينبغي ألّا تُسحب بشكل تعسفي.

وفي الحالات التي لا تكون فيها الموافقة سهلة المنال، أو عندما ترفض الشعوب الأصلية العمل، قد تتولد مخاطر مادية بالنسبة إلى الشركة وآثار ضارة بالنسبة إلى الشعوب الأصلية. وفي الحالات التي يتسبب فيها تنفيذ المشاريع بحدوث آثار ضارة على الشعوب الأصلية، ينبغي للمؤسسة اتخاذ الخطوات اللازمة لوقف هذه الآثار أو الوقاية منها.[11]

وإذا خلصت مؤسسة ما من خلال العناية الواجبة[12] التي تبذلها أنه لا بد من الموافقة للمضي في النشاط، وأن العملية المتفق عليها لم تفضِ إلى موافقة، ينبغي عدم المضي في الأنشطة ما لم يتم الحصول على الموافقة الحرة والمسبقة والمستنيرة في وقت لاحق. وعلى سبيل المثال، ينبغي ألّا يُنفذ مشروع تموله مؤسسة التمويل الدولية، بغض النظر

عن أي تصريح تصدره الحكومة، إذا كان من اللازم نقل السكان الأصليين ولم يتم الحصول على موافقة حرة ومسبقة ومستنيرة منهم.

مقتطفات من المواثيق والمعايير القائمة

المعيار	النص المتعلق بالموافقة الحرة والمسبقة والمستنيرة
إعلان الأمم المتحدة بشأن حقوق الشعوب الأصلية*	*لا يجوز أن يحدث النقل إلى مكان جديد دون إعراب الشعوب الأصلية المعنية عن موافقتها الحرة والمسبقة والمستنيرة (المادة 10).* *على الدول أن توفر سبل انتصاف من خلال آليات فعّالة، يمكن أن تشمل رد الحقوق، وتوضع باتفاق مع الشعوب الأصلية، في ما يتصل بممتلكاتها الثقافية والفكرية والدينية والروحية التي أخذت دون موافقتها الحرة والمسبقة والمستنيرة أو انتهاكًا لقوانينها وتقاليدها وعاداتها (المادة 11).* *على الدول أن تتشاور وتتعاون بحسن نية مع الشعوب الأصلية المعنية من خلال الشركات التي تمثلها للحصول على موافقتها الحرة والمستنيرة قبل إقرار أيّ مشروع يؤثر في أراضيها أو أقاليمها ومواردها الأخرى، ولا سيما في ما يتعلق بتنمية أو استخدام أو استغلال الموارد المعدنية أو المائية أو الموارد الأخرى (المادة 32).* وترد إشارات أخرى إلى الموافقة الحرة والمسبقة والمستنيرة في المواد 19 و29 و30.
اتفاقية منظمة العمل الدولية رقم 169 بشأن الشعوب الأصلية والقبلية**	*إذا اقتضى الأمر ترحيل هذه الشعوب كتدبير استثنائي، لا يجوز أن يتم هذا الترحيل إلا بموافقتها الحرة والواعية. وعندما يتعذر الحصول على موافقتها، لا تتم عمليات الترحيل إلا بعد تنفيذ إجراءات ملائمة تنص عليها القوانين واللوائح الوطنية بما في ذلك، عند الاقتضاء، تحقيقات عامة تتاح فيها للشعوب المعنية إمكانية تمثيلها بصورة فعلية (المادة 16).*
مبادئ الاستثمارات المسؤولة	*يجب أن يلتزم الاستثمار الرشيد في نظم الزراعة والأغذية ... وأن يدمج هياكل وعمليات الحوكمة الشاملة والشفافة وآليات صنع القرار ... من خلال ... التشاور الفعال والهادف مع الشعوب الأصلية من خلال مؤسساتها التمثيلية للحصول على موافقتها الحرة، والمسبقة، والمستنيرة، حسب ما ينص عليه إعلان الأمم المتحدة الخاص بالشعوب الأصلية، ومع إيلاء الاعتبار الواجب لمواقف محددة لكل دولة ومفاهيمها (المبدأ 9).*
الخطوط التوجيهية الطوعية	*وكذلك، يجب أن تعقد الدول والأطراف الأخرى مشاورات بنية حسنة مع الشعوب الأصلية قبل إطلاق أي مشروع، أو قبل إقرار وتنفيذ أي تدابير تشريعية أو إدارية تؤثر على الموارد التي تملك المجتمعات المحلية الحقوق فيها. وينبغي أن تقوم هذه المشاريع على التشاور الفعال والمجدي مع الشعوب الأصلية عبر مؤسساتها التمثيلية للحصول على موافقتها الحرة، والمسبقة، والمستنيرة، حسب ماّ ينص عليه إعلان الأمم المتحدة الخاص بالشعوب الأصلية، ومع إيلاء الاعتبار الواجب لمواقف ومفاهيم كل دولة (الفقرة 9-9).* *وفي حالة الشعوب الأصلية ومجتمعاتها، ينبغي للدول أن تضمن اتساق جميع الإجراءات مع الالتزامات القائمة بموجب القانون الوطني والدولي، ومع الاعتبار الواجب للالتزامات الطوعية الناتجة عن الصكوك الإقليمية والدولية المعمول بها، بما فيها، حسب الاقتضاء، الالتزامات الناتجة عن اتفاقية منظمة العمل الدولية (رقم 169) المتعلقة بالشعوب الأصلية والقبلية في البلدان المستقلة، وإعلان الأمم المتحدة بشأن حقوق الشعوب الأصلية (الفقرة 12-7).*
خطوط أكويه: كون التوجيهية	*عند إجراء تقييمات الأثر الثقافي، ينبغي إيلاء الاعتبار الواجب إلى أصحاب المعارف والابتكارات والممارسات التقليدية، وكذلك المعارف ذاتها.... وفي حال الكشف عن سر أو معرفة مقدسة، ينبغي ضمان الحصول على موافقة مسبقة ومستنيرة واتخاذ تدابير الحماية المناسبة (الفقرة 29).* *وينبغي أيضًا مراعاة الاعتبارات العامة تالية الذكر عند إجراء تقييم الأثر بشأن*

المعيار	النص المتعلق بالموافقة الحرة والمسبقة والمستنيرة
	تطوير يُقترح إجراؤه، أو يحتمل أن يؤثر على المواقع المقدسة والأراضي والمياه التي تشغلها أو تستخدمها مجتمعات الشعوب الأصلية أو المجتمعات المحلية. وهذه الاعتبارات هي: • *الموافقة المسبقة والمستنيرة لمجتمعات الشعوب الأصلية والمجتمعات المحلية المتضررة: عندما يتطلب النظام القانوني الوطني الحصول على موافقة مسبقة مستنيرة من مجتمعات الشعوب الأصلية والمجتمعات المحلية، ينبغي أن تراعي عملية التقييم ما إذا قد تم الحصول على هذه الموافقة المسبقة المستنيرة. وينبغي للموافقة المسبقة والمستنيرة المقابلة لمختلف مراحل عملية تقييم الأثر أن تراعي الحقوق والمعارف والابتكارات والممارسات الخاصة بمجتمعات الشعوب الأصلية والمجتمعات المحلية، واستخدام اللغة والعملية المناسبتين، وتخصيص الوقت الكافي وتوفير معلومات دقيقة وواقعية وصحيحة من الناحية القانونية. ويتطلب إدخال التعديلات على المقترح الإنمائي الأولي الموافقة المسبقة المستنيرة الإضافية من مجتمعات الشعوب الأصلية والمجتمعات المحلية المتأثرة (الفقرة 53).* • *الملكية والحماية والمراقبة في ما يخص المعارف والابتكارات والممارسات والتكنولوجيات التقليدية المستخدمة في عمليات تقييم الأثر الثقافي والبيئي والاجتماعي... وينبغي لهذه المعارف ألّا تُستخدم إلا بوجود موافقة مسبقة ومستنيرة من أصحاب تلك المعرفة التقليدية (الفقرة 60).*
معايير مؤسسة التمويل الدولية للأداء	*لا يوجد تعريف مقبول عالميًا لمصطلح "الموافقة الحرة والمسبقة والمدروسة" (...). وتستند الموافقة الحرة والمسبقة والمدروسة إلى عملية التشاور والمشاركة المستنيرة وتوسع نطاقها والتي ورد وصفها في معيار الأداء رقم 1، وسيتم تأسيسها من خلال المفاوضات القائم على حسن النوايا بين الجهة المتعاملة والمجتمعات المحلية المتأثرة للشعوب الأصلية. وتقوم الجهة المتعاملة بتقييم ما يلي: (1) العملية المقبولة بشكل مشترك بين الجهة المتعاملة والمجتمعات المحلية المتأثرة للشعوب الأصلية، (2) دليل الاتفاق بين الأطراف على نتيجة المفاوضات. ولا تتطلب الموافقة الحرة والمسبقة والمدروسة بالضرورة تحقيق الإجماع ويمكن تحقيقها حتى لو كان ثمة أفراد أو جماعات داخل المجتمع المحلي يرفضون رفضًا صريحًا.* *وربما تكون المجمعات المحلية للشعوب الأصلية المتأثرة معرضة بشكل خاص لخسارة أراضيها والوصول إلى الموارد الطبيعية والثقافية أو الإبعاد عن هذه الأراضي والموارد أو استغلالها. واعترافًا بهذا التعرض، بجانب المتطلبات العامة لهذا المعيار، ستحصل الجهة المتعاملة مع الشركة على الموافقة الحرة والمسبقة والمدروسة للمجتمعات المحلية المتأثرة للشعوب الأصلية في الظروف التالية:* • *الآثار المترتبة على الأراضي والموارد الطبيعية الخاضعة للملكية التقليدية أو قيد الاستخدام العرفي.* • *نقل الشعوب الأصلية من الأراضي والموارد الطبيعية الخاضعة للملكية التقليدية أو قيد الاستخدام العرفي: سوف تقوم الجهة المتعاملة ببحث تصميمات بديلة للمشروع من أجل تفادي نقل الشعوب الأصلية من الأراضي والموارد الطبيعية الخاضعة للملكية التقليدية أو قيد الاستخدام العرفي. وفي حال تعذ تفادي هذا النقل، فإن الجهة المتعاملة لن تمضي في تنفيذ المشروع ما لم تحصل على الموافقة الحرة والمسبقة والمدروسة.* • *التراث الثقافي بالغ الأهمية: يجب أن تحصل الجهة المتعاملة على الموافقة الحرة والمسبقة والمدروسة للمجتمعات المحلية للشعوب الأصلية المتأثرة في حالة عدم إمكانية تفادي الآثار الكبيرة للمشروع على التراث الثقافي بالغ الأهمية. وعندما يقترح مشروع معين استخدام التراث الثقافي*

المعيار	النص المتعلق بالموافقة الحرة والمسبقة والمستنيرة
	لأغراض تجارية، بما في ذلك المعارف والابتكارات أو الممارسات الخاصة بالشعوب الأصلية، سيطلب من الجهة المتعاملة ... الحصول على الموافقة الحرة والمسبقة والمدروسة لمجتمعات الشعوب الأصلية المتضررة.

*   إن إعلان عام 2007 وثيقة غير ملزمة قانونًا اعتمدتها الجمعية العامة للأمم المتحدة بموافقة 143 بلدًا ومعارضة 4 بلدان وامتناع 11 بلدًا. ويمثل الإعلان الإرادة السياسية لهذه البلدان.

**   هذه الاتفاقية لعام 1989 ملزمة بالنسبة إلى 22 بلدًا صادق عليها. واعتمادها في منظمة العمل الدولية يمثل إجماعًا بين الهيئات الثلاثية لمنظمة العمل الدولية في ما يخص حقوق الشعوب الأصلية والقبلية ومسؤوليات الحكومات عن حماية هذه الحقوق. وتتمثل أسس الاتفاقية في احترام الثقافات وطريقة حياة الشعوب الأصلية، والاعتراف بحقوقها في الأرض والموارد الطبيعية وبحقها في تحديد أولوياتها للتنمية. والمبدآن الأساسيان في هذه الاتفاقية هما المشاورة والمشاركة.

للاطلاع على مزيد من التوجيهات بشأن الموافقة الحرة والمسبقة والمستنيرة

Expert Mechanism on the Rights of Indigenous Peoples (2011), Expert Mechanism advice No. 2: indigenous peoples and the right to participate in decision-making. Geneva.

Foley-Hoag (2010), Implementing a corporate free, prior, and informed consent policy: benefits and challenges, by Lehr, A. and Smith, G.

منظمة الأغذية والزراعة (2014)، احترام الموافقة الحرّة والمسبقة والمستنيرة – توجيهات عملية للحكومات والشركات والمنظمات غير الحكوميّة والشعوب الأصليّة والمجتمعات المحليّة في مجال حيازة الأراضي، الدليل الفني لحوكمة حيازة الأراضي رقم 3.

منظمة العمل الدولية (2013)، اتفاقية الشعوب الأصليّة والقبليّة، 1989 (رقم 169)، Handbook for ILO Tripartite Constituents, International Labour Standards Department, International Labour Organisation, Geneva.

منظمة التعاون والتنمية في الميدان الاقتصادي (2016)، OECD Due Diligence Guidance for Meaningful Stakeholder Engagement in the Extractive Sector, ISBN 9789264252462, OECD Publishing, Paris.

Oxfam Australia (2005), Guide to free, prior and informed consent, by Hill, C., Lillywhite, S. and Simon, S., Carlton, Victoria, Australia.

RSB (2011), RSB guidelines for land rights: respecting rights, identifying risks, avoiding and resolving disputes and acquiring lands through free, prior and informed consent, Roundtable on Sustainable Biofuels, Geneva.

الأمم المتحدة المنتدى الدائم المعني بقضايا الشعوب الأصليّة (2005)، تقرير حلقة العمل الدولية المعنية بالمنهجيات المتعلّقة بالموافقة الحرّة المسبقة المستنيرة والشعوب الأصليّة. قدّمت الوثيقة E/C.19/2005/3 في الدورة الرابعة للمنتدى الدائم المعني بقضايا الشعوب الأصلية، 16-17 مايو/أيار.

البنك الدولي (2005)، Operational Policy 4.10: Indigenous Peoples. Washington, DC.

1 إن الصكين الدوليين المتعلقين بالشعوب الأصلية هما إعلان الأمم المتحدة بشأن حقوق الشعوب الأصلية واتفاقية منظمة العمل الدولية رقم 169. ويوصي إعلان الأمم المتحدة بشأن حقوق الشعوب الأصلية بأن تتشاور الدول مع الشعوب الأصلية المعنية وتتعاون معها من أجل الحصول على موافقتها الحرة والمسبقة والمستنيرة في عدد من الحالات، بما في ذلك من أجل المشاريع التي تؤثر على أراضيها وأقاليمها أو الموارد الأخرى (المادتان 19 و32). واتفاقية منظمة العمل الدولية رقم 169، وهي ملزمة قانونًا بالنسبة إلى البلدان التي صادقت عليها، تتطلب من الدول الأطراف التشاور مع الشعوب الأصلية بهدف الوصول إلى اتفاق أو موافقة بشأن التدابير المقترحة (المادة 6). وللاطلاع على التوجيهات بشأن حكم الاتفاقية المتعلق بالموافقة، انظر الدليل لصالح الهيئات المكونة الثلاثية لمنظمة العمل الدولية – فهم اتفاقية الشعوب الأصلية والقبلية، 1989 (رقم 169) (2013). وتذهب الهيئات الأخرى للأمم المتحدة بأن المعايير الدولية في ما يخص الموافقة الحرة والمسبقة والمستنيرة تنطبق على نحو مماثل على الجهات الفاعلة من غير الحكومات. وتشمل هذه الهيئات المنتدى الدائم للأمم المتحدة المعني بقضايا الشعوب الأصلية، والفريق العامل المعني بمسألة حقوق الإنسان والشركات عبر الوطنية وغيرها من مؤسسات الأعمال، والمقررة الخاصة للأمم المتحدة المعنية بحقوق الشعوب الأصلية، وآلية الخبراء للأمم المتحدة المعنية بحقوق الشعوب الأصلية، والهيئات العديدة للأمم المتحدة المنشأة بموجب معاهدات حقوق الإنسان.

2 منظمة الأغذية والزراعة، "احترام الموافقة الحرة والمسبقة والمستنيرة – توجيهات عملية للحكومات والشركات والمنظمات غير الحكومية والشعوب الأصلية والمجتمعات المحلية في مجال حيازة الأراضي"، (2014)، الصفحة 7، http://www.fao.org/3/a-i3496ar.pdf.

3 تنص "المبادئ والمعايير الخاصة بإنتاج زيت النخيل المستدام" التي أقرّها المجلس التنفيذي للمائدة المستديرة بشأن نخيل الزيت المستدام، ووافق عليها أعضاء المائدة المستديرة بشأن نخيل الزيت المستدام في الجمعية العامة الاستثنائية في 25 أبريل/نيسان 2013، على أن استخدام أرض من أجل إنتاج زيت النخيل لا يلغي الحقوق القانونية أو العرفية أو حقوق المستخدم أو المستخدمين الآخرين دون الحصول على موافقتهم الحرة والمسبقة والمستنيرة (المبدأ 2-3). وكمؤشر، ينبغي أن تتاح نسخ من الاتفاقات المتفاوض عليها تفصّل عملية الحصول على الموافقة الحرة والمسبقة والمستنيرة، وينبغي أن تتضمن هذه النسخ ما يلي: (أ) دليل على أن الخطة قد أُعدت عن طريق المشاورة والمناقشة مع جميع الفئات المتضررة في المجتمعات، وأن المعلومات قد أُتيحت إلى جميع الفئات المتضررة، بما في ذلك المعلومات الخاصة بالخطوات التي يتعين اتخاذها من أجل إشراك هذه الفئات في عملية صنع القرار؛ (ب) ودليل على أن الشركة عند اتخاذ هذا القرار قد احترمت قرار المجتمعات بمنح موافقتها أو الامتناع عن منح موافقتها بشأن العملية؛ (ج) ودليل على فهم المجتمعات المتضررة وقبولها للآثار القانونية والاقتصادية والبيئية والاجتماعية من أجل السماح بإجراء العمليات على أراضيها، بما في ذلك الآثار على الحالة القانونية لأراضيها بعد انتهاء حق الشركة أو امتيازها أو عقد إيجارها.

4 انظر المبادئ التوجيهية، رابعًا-40: "[...] يجب على الشركات احترام حقوق الإنسان الخاصة بأشخاص ينتمون إلى فئات محددة أو سكان محددين ممن يتطلبوا اهتمامًا خاصًا، لأنها قد تؤثر بشكل ضار على هذه الحقوق. وفي هذا السياق، حددت صكوك الأمم المتحدة حقوق الشعوب الأصلية [...]".

5 تذكر اتفاقية منظمة العمل الدولي رقم 169 التعريفات التالية للشعوب الأصلية والقبلية. *الشعوب القبلية:* التي تميزها أوضاعها الاجتماعية والثقافية والاقتصادية عن القطاعات الأخرى من المجتمع الوطني، والتي تنظم مركزها القانوني، كليًا أو جزئيًا، عادات أو تقاليد خاصة بها، أو قوانين أو لوائح تنظيمية خاصة؛ *الشعوب الأصلية:* تعتبر شعوبًا أصلية بسبب انحدارها من السكان الذين كانوا يقطنون البلد أو إقليمًا جغرافيًا ينتمي إليه البلد وقت غزو أو استعمار أو وقت رسم الحدود الحالية للدولة، والتي، أيًا كان مركزها القانوني، لا تزال تحتفظ ببعض أو بكامل نظمها الاجتماعية والاقتصادية والثقافية والسياسية الخاصة بها.

6 انظر اتفاقية منظمة العمل الدولي رقم 169، المادة 1-2.

7 المبادئ التوجيهية، أولًا-2 ورابعًا-1.

8 تتيح المصادر التالية تفاصيل بشأن توقعات المجتمعات في ما يتعلق بالموافقة الحرة والمسبقة والمستنيرة: *Guide to Free Prior and Informed Consent*، أوكسفام أستراليا (2014)؛ و https://www.ecojesuit.com/wp-content/uploads/2014/09/Making-FPIC-a-Reality-Report.pdf، Doyle

C. و J. Carino، جامعة ميدلسكس، PIPLinks وECCR، (2013)، www.ecojesuit.com/wp-content/uploads/2014/09/Making-FPIC-a-Reality-Report.pdf.

9 تحدد الصكوك الدولية المشار إليها في الجدول أدناه الظروف التي تكون فيها الموافقة الحرة والمسبقة والمستنيرة ذات صلة، على سبيل المثال في الحالات التي تدعو فيها الحاجة إلى إعادة التوطين.

10 واقتُرح بأنه من الممكن فهم الموافقة الحرة والمسبقة والمستنيرة على أنها شكل من أشكال مشاركة المجتمع، يتسم بالقوة ويحمل صفة أكثر رسمية. وكنتيجة لذلك، يمكن للشركات في بعض الحالات أن تتحفز لتدخل في عملية مشاورة أكثر رسمية عند إعداد مشروع في إقليم الشعوب الأصلية أو بالقرب منه، الذي قد يكون له آثار ضارة كبيرة. انظر Lehr وSmith، *Implementing a Corporate Free Prior Informed Consent Policy*، www.foleyhoag.com/publications/ebooks-and-white-papers/2010/may/implementing-a-corporate-free-prior-and-informed-consent-policy، Foley Hoag (2010)، الصفحة 8. وينصح معهد الموارد العالمية الشركات بتجاوز التحديات المتعلقة بتنفيذ إجراءات الموافقة الحرة والمسبقة والمستنيرة عن طريق الاعتراف القانوني بالعملية – مثل اتفاق رسمي، بالترافق مع الممارسات الجيدة الأخرى لإشراك أصحاب المصلحة. وانظر *Development without Conflict: The Business Case for Community Consent*، *Development without Conflict: The Business Case for Community Consent*، معهد الموارد العالمية (2007).

11 المبادئ التوجيهية، ثانيًا-باء-18 و19 ورابعًا-40 و42.

12 ينبغي التماس مشورة خبراء قانونيين من أجل توضيح الالتزامات القانونية في ما يخص التعامل مع الشعوب الأصلية.